Wilma Ellersiek

Hirten- und Königsspiele für den Kindergarten

Wilma Ellersiek

Hirten- und Königsspiele für den Kindergarten

Herausgegeben von Ingrid Weidenfeld

Verlag Freies Geistesleben

Die Autorin:
Wilma Ellersiek, 1921 – 2007, war viele Jahre Professorin für Rhythmik, Schauspiel und gesprochenes Wort an der Hochschule für Musik in Stuttgart. Sie widmete sich insbesondere der Wirkung von Rhythmus auf das Kind im Vorschulalter. Im Verlag Freies Geistesleben sind von ihr bereits mehrere Bücher über Handgesten- und Bewegungsspiele erschienen.

Die Herausgeberin:
Ingrid Weidenfeld, geb. 1956, studierte Rhythmik und Violine an der Musikhochschule Stuttgart, u.a. Rhythmik für das Vorschulkind bei Wilma Ellersiek. Sie unterrichtet seit vielen Jahren die von W. Ellersiek entwickelte Vorschulrhythmik und gibt im In- und im Ausland Seminare und Kurse für Erwachsene. Mehrere Bücher von W. Ellersiek wurden von ihr herausgegeben.
Weitere Informationen: www.handgestenspiele.de

Die Lieder des Buches sind im MP3-Format über folgende Internetseite abrufbar:
www.geistesleben.de/buecher/9783772526671/hirten-und-koenigsspiele

ISBN 978-3-7725-2667-1

1. Auflage 2012

Verlag Freies Geistesleben
Landhausstraße 82, 70190 Stuttgart
Internet: www.geistesleben.com

Einband- und Innenfotos: Charlotte Fischer
Zeichnungen: Friederike Lögters
Noten: Ingrid Weidenfeld
Druck: Gorenjski Tisk, Kranj
Printed in Slovenia

Inhalt

Die Lieder des Buches sind im MP3-Format über folgende Internetseite abrufbar: www.geistesleben.de/buecher/9783772526671/hirten-und-koenigsspiele

Grußwort

«Liebe ist ein wahrhaftes Himmelslicht.»
Rudolf Steiner

Ein vor 35 Jahren begonnener künstlerischer Prozess durch Wilma Ellersiek an ihren zwei Weihnachtsspielen findet nun mit dieser Herausgabe, die von einer großen Anzahl Erzieherinnen und Erziehern schon lange erwartet wurde, ein würdiges Gewand. Im fortwährenden Bemühen, die Spiele so künstlerisch wie nur möglich zu gestalten und alle ihnen zugrunde liegenden Bilder in ein rhythmisch-musikalisches Geschehen zu formen, haben die Spiele viele Metamorphosen erfahren und liegen in dieser Fassung seit 1998 gültig vor.

Wie es Wilma Ellersiek gelungen ist, die Erscheinungen der «Schöpfung», die Werdekräfte der Natur, die Pflanzen und Tiere, die Erscheinungen von Sonne, Mond und Sterne, Wind und Wasser, Schnee und Regen, Gewitter und Jahreszeitengeschehen in belebender und seelisch wie physisch aufbauender Weise in Form von unzähligen kleinen, fantasievollen Handgesten- und Sprechspielgeschichten für das jüngere Kind zu kreieren (6 Bände bisher erschienen), ist ihr dieses Anliegen bei den Weihnachtsspielen in besonderem Maß am Herzen gelegen. Was an Gebärden, Sprache, Rhythmus und Melos, Quintenstimmungsmelodik und pulsierendem Geschehen sowie Sinngehalt dem Kind zur Nachahmung dargereicht wird, soll ihm «Lebenswasser» und «Lebensbrot» sein. Dieses innerste, merkuriale und heute zunehmend aktuelle Anliegen Wilma Ellersieks verbindet sich mit dem der Liebestat entspringenden Christusimpuls im Hirten- und im Königsspiel.

Die Spiele sind so konzipiert, dass keine Neid- und Eifersuchtsempfindungen auslösende Rollenzuteilung und dadurch auch keine Reduzierung des Nachahmungsbedürfnises beim kleinen Kind, auch keine Verniedlichung oder Vereinseitigung durch Kostümierung, keine emotionale oder intellektuell losgelöste Betrachtung den gemeinschaftlichen Gestaltungsstrom stört. Im gemeinsamen Eintauchen und im mitvollziehenden Tun des Reigens wird, was sonst oft nur erinnernde Geschichte ist, im Hier und Jetzt zum Weihnachtsgeschehen und zur freudevollen und «ernährenden» Handlung.

Seit vielen Jahren darf ich in Spiel- und Kindergartengruppen, aber auch in Kursen für Erzieherinnen und Eltern erleben, wie durch das impulsierende tätige Vorbild und das gemeinsame Handeln als Hirten – die herzenerwärmende Botschaft der Engel vernehmend, voller Vorfreude zum «Stall» eilend, staunend und in Andacht das Kind in der Krippe findend und dann alle im lockeren Kreis die wiegende Gebärde zum Kind hin- und zurückschwingend gestaltend – ein bewegtes Mandala entsteht, inmitten dessen das Kind in der Krippe zum Herzenssonnenlicht wird. Das Geschehen mündet in die Dankgebärde von Maria und Josef, und das Kind antwortet mit dem Lächeln, was sich wiederum auf den Gesichtern und in den Herzen der Kinder spiegelt.

Ganz anders offenbart sich der Gestus, der dem Königsspiel zugrunde liegt. Alles wird zum leuchtenden Wegweiser, zur Hinführung: Der Stern, dem alle gemeinsam als Könige folgen und dann alle gemeinsam als Engel die Hinführung begleiten, das Kind selber auf dem Thron und die Danksagung nach der Opfergabe kommen wiederum in dem Leuchten der Augen zum Ausdruck. Den beiden Spielen liegt durch die stimmige Verbindung des inneren Sinngehaltes und der äußeren – für das Kind in die Handlung gebrachte – künstlerischen Gestaltung eine substanzielle strömende Kraft zugrunde, die geeignet ist Herz und Sinn zu bewegen.

Dieser zwei Gesten bedürfen wir heute alle: Auf der individuellen Suche nach der inneren Sonne, auf der individuellen Suche nach dem geistigen Leitstern können diese Weihnachtsspiele dem Kind Keim sein, später sich selber bewusst auf den Weg zu machen.

Von vielen Kursrückmeldungen weiß ich, dass das Hirten- und Königsspiel oft unter brütender, äußerer Sommersonnenwärme auswendig gelernt und erarbeitet wurde; mir selber ging es (am Strand von Elba) auch nicht anders. Um diese komplexen Reigen bis in die kleinsten Gebärden und als Gesamtkunstwerk sich anzueignen, sich damit zu verbinden, bedarf es doch der wochen-, wenn nicht bedarf es doch der wochen-, wenn nicht monatelangen Vorbereitung. Hilfreich sind dabei die kundigen Anleitungen der Mitglieder des Arbeitskreises für die Handgestenspiele von Wilma Ellersiek, welche regelmäßig Einführungs- und Weiterbildungskurse anbieten und gerne angefragt werden können.

Die Spiele liegen auch in autorisierter englischer Fassung vor.

Wenn man bedenkt, wie alle Sinneseindrücke vom kleinen Kind durch seine nachahmende Offenheit bis in die sich entwickelnde physische Organfunktionsreifung aufgenommen werden, ist diesem Buch von Herzen die weiteste Verbreitung gewünscht. Hiermit sei Ingrid Weidenfeld, engagierte und persönliche Schülerin von Wilma Ellersiek, die diese Herausgabe aufs Beste begleitet hat, der herzlichste Dank ausgesprochen.

Jacqueline Walter
Mitglied des Arbeitskreises für die Handgestenspiele
August 2012

Einführung zu den Spielen

1. Allgemeines

Diese rhythmisch-musikalisch gestalteten Erzählungen zur Weihnachts- und Epiphaniaszeit in Form eines Spielkomplexes (Spielkomplex bedeutet: komplexes Angebot mit rhythmisch-musikalisch gestalteten Bewegungs-Sprechspielen) mit Handgesten-, Körpergebärden- und Raumbewegungen sind primär für das frühkindliche und vorschulische Alter gedacht. Somit sind es Verwandlungsspiele, einfache Identifikationsspiele, in denen eine besondere Rollenaufteilung noch nicht stattfindet. Das heißt, dass jedes Kind im Verlauf des Spielgeschehens alles mitmacht. Jedes ist jedes.

Diese Erzählungen mit Gebärden sind nicht als «Spiel vor Zuschauern» zu gestalten, sondern als ein gemeinsames, in sich geschlossenes Miteinander-Tun.

Es ist eine Erzählung in gereimten Versen mit Liedern und Musiken in der Quintenstimmung, die sich gleichzeitig als Handlung vollzieht, ein Einheitsakt von Sprechen und Bewegen. Der Erzähler ist der gleichzeitig Handelnde, der spielende Sprecher.

Auch das Austeilen der Instrumente und Handspielgeräte wird in künstlerisch gestalteter Form in den Spielablauf mit einbezogen, sodass das Gesamtgeschehen dadurch nicht unterbrochen wird.

Die Kinder vollziehen alles gleichzeitig mit. Das Vorgeahmte wird nachgeahmt. Man bewegt sich gemeinsam durch das Geschehen. Es gibt keine Gruppierungen durch verschiedene räumliche Anordnungen und keine Unterscheidungen durch bildhaft-kennzeichnende Verkleidung.[1] Im Kreis ist alles geortet, und die unverhüllte Gebärde ist frei: Sie ruft in laufendem Wandel die Gestalten und Dinge herbei.

- So werden alle Kinder als Hirten an der Krippe niederknien,
- alle die Maria oder der Joseph sein,
- alle als Ochs und Esel und die Schafe das Kind wärmen,
- alle werden als Hirten um die Krippe tanzen,
- alle als Engel das Kind hüten usw.

(Das Gleiche gilt für alle Handlungen im Königsspiel.)

Das Kind verwandelt und identifiziert sich immer aufs Neue. Es schlüpft in die jeweiligen Gebärden hinein und erfährt dadurch das «Wesenhafte» der Gestalten und des Gesamtgeschehens. Das Ganze wird erfahrbar durch das Mittun. Es ist ein «Tatnen»[2] – angelehnt an eine Wortschöpfung von Peter Rosegger – in Gebärden. Motorisch «mitplastizierend» wird alles einverleibt. Dieser Vorgang ist ein wahrhaft schöpferisches Tun. Es ist ein Weben und Wesen in den Urgebärden der Schöpferwelt.

Diese Urerfahrung durch das Mitvollziehen aller Bewegungs-, Sprach- und Tongebärden darf in seiner Ganzheitlichkeit durch keine besonderen Anordnungen oder spezielle Forderungen eingeschränkt oder unterbrochen werden. Die Gemeinschaft wird so von dem gleichen rhythmisch-pulsierenden Strom durchpulst und von den gleichen Klangschwingungen durchwoben und bewegt.

Die folgenden Spiele können nicht nur von den Erzieherinnen im Kindergarten gestaltet werden, sondern auch von Eltern – nach entsprechender Vorbereitung in das Geschehen – mit ihren Kindern gespielt werden.

Es ist anzustreben, den Eltern eine praktische Einführung in das Spielgeschehen zu geben, damit sie aus der Welt der intellektuell-abstrakten

Begriffe und des seelisch-gemüthaften Bildes den Schritt in die objektive Geistigkeit der Urgebärde zu vollziehen lernen und dadurch in die Welt, die Schöpferwelt, einzutauchen vermögen, in der das Kind im ersten Jahrsiebt vorrangig lebt. Vor allem aber auch, damit sie mit ihren Kindern zu Hause die Spiele machen können.

Das gemeinsame Spiel hat eine soziale Funktion ersten Ranges. Es führt die Familie in der Advents-, Weihnachts- und Epiphaniaszeit in diesem gemeinsamen Tun zusammen. Auch befreundete Familien können bei gegenseitigen Besuchen sich in diesem «Miteinander-Tun» begegnen.

Da keine Aufbauten und Kostüme benötigt werden – die Fingerzimbeln können durch ein einfaches, zart klingendes Glöckchen ersetzt werden –, ist es jederzeit möglich, diese rhythmisch-musikalisch gestalteten Erzählungen mit Gebärden zu vollziehen.

Welche Form der Spiele gewählt wird, ob Kurz-, Kern- oder Großspiel, hängt von der Zusammensetzung der Gruppe und den räumlichen Gegebenheiten ab. Viele junge Eltern, die zu den althergebrachten Formen, Texten und Liedern keinen Zugang mehr haben, können über diese neuen, andersartigen Spiele im gemeinsamen Tun mit ihren Kindern wieder eine Beziehung zu Weihnachten und Epiphanias gewinnen.

2. Das rhythmisch-musikalische Spielkomplex-Modell

Das Modell des rhythmisch-musikalischen Spielkomplexes ist ein künstlerisch gestaltetes Spielangebot für das erste Jahrsiebt, eine neue Form des rhythmisch-musikalischen Tuns. Dieser Komplex, wie ich ihn entwickelt habe, ist ein Spielangebot, in dem die Dinge nicht direkt, nicht naturalistisch, nicht emotional oder intellektuell an das Kind herangetragen werden, sondern in künstlerisch gestalteter Form, in Verbindung von objektiver repräsentativer Gebärde, poetischer Sprache und Quintenstimmungsmelodik, ins universal Gültige erhoben.

Einfügung in objektive Ordnungen, nicht Projektion subjektiver Erlebnisse ist der entwicklungsfördernde Faktor, der Ansatzpunkt, von dem in dem «Spielkomplex-Modell» ausgegangen wird.

Dieses künstlerisch gestaltete Spielangebot geht in seiner Komplexität und Geschlossenheit über die im Allgemeinen praktizierten Spielzusammenstellungen,Spielgruppierungen und -sammlungen hinaus. Es ist eine «Gesamtkomposition», die sich wie aus einem Keim zu einem fantasievoll gestalteten «Gesamtgefüge» entfaltet, durch das in vielfältiger Weise die einzelnen Bereiche der Dinge, der Natur, des Menschen und auch deren sich natürlich ergebende Verbindungen erfahrbar gemacht werden. Vermittelt wird dies in einem strömenden, pulsierend-schwingenden, pozessualen Geschehen (rhythmisch-musikalisch), in dem das Kind sich staunendem Wahrnehmen ganz hingeben und in freudevollem Handeln Welt erfahren, ergreifen und sich einverleiben kann.

In diesem umfassenden, komplexen Spielgeschehen wird durch objektive, repräsentative Klein- und Großgebärde, die das Wesenhafte einer Erscheinungsform zeigt, wahrnehmbare Wirklichkeit leiblich gestaltet, verkörpert, bei gleichzeitiger Versprachlichung des Geschehens in adäquater, deckungsgleicher poetischer Sprache (rhythmische und gereimte Verse). Die Kinder tauchen durch Nachahmung unbewusst in diese fantasievollen, durchgehend vorgeahmten Spielabläufe ein.

Durch die Begegnung mit diesem Spielangebot, das sich überwiegend an den im Irdischen wahrnehmbaren Erscheinungsformen kosmischer Ordnungen orientiert und die Gesamtwahrnehmung von sinnvollen Zusammenhängen ermöglicht (Jahreszeiten, Tagesablauf, Lebensbereiche, Naturerscheinungen usw.), erfährt das Kind im ersten Jahrsiebt eine umfassende Bestätigung seiner ganzheitlichen Seinsform. Es kann in den angebotenen komplexen Erlebnisbereichen den bergenden Schoß der «Mutter Erde» erfahren und aus dem sich daraus entwickelnden Gefühl der Geborgenheit Entängstigung empfangen sowie die Heilung der Kränkungen, denen es durch die Erwachsenenwelt immer wieder ausgesetzt ist.

Das Angebot im Spielkomplex-Modell mit seinen künstlerisch gestalteten rhythmisch-musikalischen Gebärden und Raum-Bewegungs-Spielen – Gebärden des Leibes, der Gestalten, der Sprache, der Stimme, der Geräusche, der Klänge, der Töne – möchte dem Kind im ersten Jahrsiebt einen Raum des «Aufatmens», des «Zu-sich-finden-Könnens» schaffen und schenken, indem die Möglichkeit des Hineinschlüpfens und Einschmiegens in ordnende und harmonisierende Gefüge gegeben wird, um ihm auf dem Weg der vertrauensvollen Hinwendung zur Erde im Gewande des Schönen, ein helfendes Geleit zu geben.

Paul Hindemith drückt dies so aus: «Weltenharmonie, Harmonie der Welt ist die Regel, die Ordnung, die wir aber nicht erkennen. Darum danach trachten, das Bewusstsein von dieser Regel, dieser Ordnung, die eine Hoffnung ausdrückt, in die Welt hineinzutragen.»

Für das Kind im ersten Jahrsiebt ist dieses Bewusstsein ein «Körperwissen». Es wird durch Gebärden vermittelt und durch Nachahmung der Gebärden erworben, einverleibt.

3. Sprache nicht nur als Kunst, sondern als geistiges Sein

Die folgenden Zitate stammen aus dem Buch *Musik und Rhythmus bei den Griechen* von Thrasybulos Georgiades und wurden durch Hinzufügungen von Wilma Ellersiek ergänzt (Anmerkung der Herausgeberin).

«Musik ist bei den Griechen – es wird an die ältere Zeit, bis etwa Ende des 5. Jahrhunderts vor Christus, gedacht – unauslöschlich mit der Sprache verknüpft. So sehr ist sie in der Sprache enthalten, dass, genau besehen, der Ausdruck ‹griechische Musik› nicht berechtigt ist. Zwar gab es auch instrumentale Musik, aber nur am Rande. Musik als umfassende, verpflichtende Erscheinung war nicht etwas Eigenständiges. Sie ist nicht für sich gesondert zu fassen, sondern ist nur eine Seite von etwas Totalem, eine Seite des Sprachvermögens, der Sprache, des Verses, eine Seite jener Wirklichkeit, die μουσιχή (Musiké) hieß.»

Das, was wir unsere Musik nennen, hat ihren Ursprung in der Musiké.

«So wie das frühere Wort Musiké das spätere Wort Musik enthält, so enthält auch das unter Musiké Gemeinte diejenige Komponente, die sich später im Abendland als Musik verselbstständigt hat.»

CHOR = CHOROI bedeutete bei den

Griechen die Einheit von Singen und Tanzen der Verse. Erst später gilt diese Bezeichnung (Chor) nur für das Singen.

«Das der Musik und der Sprache Gemeinsame aber, das, worin sich auch die Einheit von Musik und Sprache bekundete, ist der Rhythmus. In der Chorlyrik, die getanzt wurde, war er außerdem auch der Rhythmus des Tanzes. So verbindet der Rhythmus Sprache, Vers, Musik und Tanz …» Sie sind als eine Einheit anzusehen, eine Einheit, «die in der besonderen Veranlagung, in der besonderen Geisteshaltung der Griechen ihre Wurzel hatte. (…) Sprache ist dem Ätherischen übergeordnete Sprachwirklichkeit, (…) ist (nicht nur Kunst), sondern geistiges Sein schlechthin.»

Dieses Erleben der Sprache als Musik und geistiges Sein schlechthin entspricht dem Erleben des heranwachsenden Kindes im ersten Jahrsiebt.

4. Die Stola

Die Stola ist ein neutrales, festliches Gewand für das künstlerisch gestaltete Spiel im ersten Jahrsiebt. Durch das Anlegen dieses festlichen Gewandes wird bei den Kindern eine freudige Erwartungshaltung hervorgerufen. Durch die Umhüllung mit dem Gewand wird eine gewisse Abgrenzung zur herausziehenden oder bedrängenden Umgebung geschaffen. Das ist eine wesentliche Hilfe für das Kind, ohne Ablenkung in das Spielgeschehen eintauchen zu können. Ein Schutzraum wird gebildet.

Durch die Übereinstimmung der Stola in Form und Farbe für alle Kinder entsteht ein leibliches Gemeinschaftsgefühl, das eine gute Voraussetzung für die Spielform gibt, in der alle Teilnehmer nachahmend gemeinsam das Gleiche tun und jedes Kind jede Gestalt sein kann.

Die aus der Vorstellung resultierende bildhafte Festlegung einer Person (Maria, Joseph, Hirte, Engel …) durch ein entsprechendes Kostüm wird durch die neutrale Stola vermieden; sie ist ein objektiver Rahmen, der die Möglichkeit offen lässt, jedwede Gestalt, jedwedes Ding – in fließendem Wechsel und Wandel – durch die entsprechende Gebärde herbeizurufen, sie in Erscheinung zu bringen, zu verkörpern.

Die neutrale Gewandung und das gleichzeitige Erleben des für alle einheitlichen Geschehens verhindern eine unterschiedliche Bewertung der Gestalten und Kostüme. Ein objektives, für alle Mitspieler gleichwertiges Herausgehobensein aus dem Alltäglichen in das künstlerisch gestaltete Spielgeschehen wird hergestellt.

Es hat sich gezeigt, dass für Kinder, die ein Spiel vorher schon mit verteilten Rollen und in entsprechend verschiedenen Kostümen gespielt haben, ein Übergang in die Spielform ohne Kostüme problemlos verläuft, wenn sie eine «Stola», das festliche Gewand, anlegen dürfen. Es ist aber möglich, auf alle besondere Bekleidung zu verzichten, da das Kind das Geschehen gebärdenhaft von innen erlebt, im Hereinschlüpfen in die Gebärde ganz das wird, was es mitvollzieht. So bedarf es eigentlich keiner Umkleidung von außen, wenn das Kind ganz einverwoben ist in das schöpferische Geschehen und sich darin geborgen fühlen kann.

Wer es gerne farbig möchte, kann die Grundfarben oder das Regenbogenspektrum, jedoch hell und transparent, für die Stola mit einbeziehen. Als Stoff eignen sich Seide, Wolle mit Seide oder zarte Baumwolle. Ein farbiges oder goldenes Stirnband zur Stola erhöht das festliche Befinden und gibt den Kindern zusätzlichen Halt.

Bei der Verwendung unterschiedlich farbiger Stolen ist es wichtig, dass jedes Kind die Farbe bekommt, die es möchte, damit das soziale Gemeinschaftsgefüge nicht durch Trauer- oder Neidgefühle verletzt wird. Ein Ungleichgewicht in der Farbenverteilung muss dafür hingenommen werden. Die objektivste Lösung ist die Stola in gleicher Farbe für alle.
So wie die Stola das neutrale festliche Gewand ist, sind auch die Farben keine Zuordnung zu einer Spielgestalt. Sie möchten Allgemeingut für das Gesamtgeschehen sein.

- Grüne Farbtöne vergegenwärtigen etwas vom Strömenden der lebenspendenden ätherischen Bildekräfte.
- Strahlendes Gelb und Gold regen an, das Webende im Lichtelement zu erfahren.
- Rote Farbklänge werden als das den pulsierenden Bewegungsfluss Durchkraftende verspürt.
- Die blauen Töne unterstützen das Wahrnehmen des Atmenden und Schwingenden im Formungsprozess der Gesten und ihrer Abfolge im Spielverlauf.

Das alles spielt sich unbewusst für das Kind ab. So können die Farben in ihrer Urform, als noch im Zeitlichen gründende kosmische Urgebärde, als adäquate Ergänzung in die künstlerisch gestaltete rhythmisch-musikalische Handlung mit einbezogen werden. Für die im Spielgeschehen, im fließenden Wechsel und Wandel zur Erscheinung kommenden Urgebärden in Bewegung und Sprache vermögen sie einen festlich belebenden Impuls zu geben.

Schnitt für die Stola

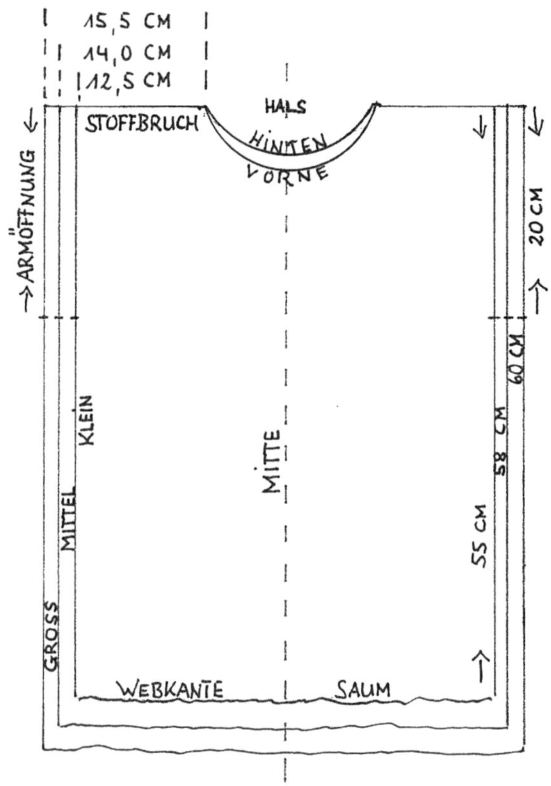

Die Nähanleitung für die Stola befindet sich auf Seite 153.

5. Verschiedenes Verhalten der Kinder in der Praxis der Spieldurchführung

Man lasse den Kindern Zeit zum Hineinschlüpfen in die vorgeahmten Bewegungs-, Sprach- und Tongebärden.

- Das dominant «wahrnehmende» Kind wird länger im Staunen, im Hereinnehmen bleiben und erst nach und nach in das Mittun kommen.
- Das dominant «motorische» Kind wird schnell in die Gebärde schlüpfen und die Handlung mitvollziehen, erst später mitsprechen und -singen.
- Das dominant «akustische» Kind wird als Erstes ins Singen und Sprechen kommen.
- Das dominant «taktile» Kind (vorherrschendes Tasten) hat große Freude an allen Berührungen. Es wird sein Schäfchen (linke Faust) besonders gern streicheln, macht die Hörner des Ochsen, die Ohren des Esels, die Pfötchen der Schafe mit Behagen, lässt das Vöglein auf dem Ast schaukeln etc., hantiert gerne mit den musikalischen Handspielgeräten, trägt gern den Korb, packt ihn ein oder aus usw.
- Das «intellektuelle» Kind hat es schwer, in die Handlung einzutauchen, sich zu identifizieren mit den Spielgestalten. Es wird zunächst nur Zuschauer sein und seine altklugen Kommentare abgeben.
- Das «chaotische» Kind hat es schwer, seinen ungezügelten Willen in die geordnete Geste zu fügen, und wird zunächst oft aus der Handlung herausfallen.
- Das seelisch «frühreife» Kind spielt sich mit seinen moralisierenden Urteilen gern in den Vordergrund, erst nach und nach vermag es selbstvergessen in dem objektiven Geschehen mitzuschwingen.
- Das «übersensible» oder «überreizte» Kind wird sich verweigern, weil es erst allmählich erreicht werden kann.

Nach mehrfachen Wiederholungen wird es so sein, dass alle Kinder den Text mitsprechen, die Lieder mitsingen und die Gebärden freudig mitvollziehen. Kinder, die es im Kindergarten noch nicht tun, vollziehen es oft daheim nach. Wichtig ist, dass der Erwachsene sich in seinem innersten Wesen mit dem Spielgeschehen verbindet und in dem Wesenhaften der Gebärden von Bewegung, Sprache und Ton lebt.

Auf etwas möchte ich noch hinweisen: Was im Hirten- und Königsspiel und ebenso in den anderen Gestenspielen den Kindern angeboten wird, ist ein aus der geistigen Welt heraus Gegebenes und schöpferisch Gestaltetes. Das geistig Wirkende in Sprach- und Leibesgebärde ist es, in das die Kinder wie in ein «heilendes Bad» eintauchen können, ebenso der Erziehende. Es gibt Kinder (und Erwachsene), die wie in ihrem Lebenselement gleich darin leben und dadurch gedeihen. Andere steigen nur zögernd ein, und manche weigern sich sogar.

Da heißt es: Geduld haben. Im Grunde sind diejenigen Kinder, die es nicht schaffen, in das Geschehen einzutauchen, sehr unglücklich, denn sie möchten es eigentlich nur zu gerne, aber das Leben, die Umwelt, hat schon so viele Barrieren aufgerichtet und Verschiebungen bewirkt – sie muss man behutsam abbauen und ordnen helfen. Das geschieht gerade durch diese Spiele, die durch Rhythmus und Melos das ordnende Element der Schöpferwelt (Sternenwirken) an das Kind herantragen.

Wichtig ist, dass man sich nicht irritieren lässt durch das destruktive Verhalten dieser verstörten Kinder, die der Hilfe ja in besonderem

Maße bedürfen. Als «Störung» sollte man die Schwierigkeiten nicht betrachten, und man sollte es vermeiden, verärgert darauf zu reagieren. Tiefes Mitleid muss uns erfüllen mit diesen von der Umwelt so stark gekränkten Kindern. Nur ein Gedanke darf uns bewegen, nämlich der, zu helfen, dass sie den Zugang zum heilenden Quell, zum Lebenswasser und Lebensbrot wieder finden, von dem sie abgeschnitten wurden.

Man erwartet nichts, enthält sich jeder Vorstellung, was das Kind tun müsse, lässt es ruhig sitzen oder irgendwo für sich spielen, trägt es aber in sich durch das ganze Geschehen immer mit. Es gibt dann Augenblicke, wo das Kind aufhorcht, sogar herantritt und dabeisein möchte. Schellenstäbe oder Glöckchen am Ring locken es an; als Eselein oder Vogel beispielsweise macht es dann gerne mit. Auch beim Singen ist es gern dabei. Immer mehr wird es in das Geschehen mit einbezogen. Das kommt einer wirklichen «Erlösung» aus Fesseln gleich.

Die Mitarbeiter müssen sich gegenseitig stärken im Durchhalten dieser Gedankenrichtung – das wird eines Tages Früchte tragen. Die Probleme werden sich verringern, eventuell sogar lösen. Eine «Befriedung» tritt ein, die beide Teile, Kind und Erzieher, mit Freude und Dank erfüllt und Kraft gibt für das nächste zu lösende Problem.

6. Hinweise zur sprachlichen Gestaltung und zum Singen

Das *rhythmisch-musikalische Sprechen* und das Singen sind im Kindergarten und in der Familie ein dem frühen Kindesalter gemäßes musikalisches Angebot. Allerdings gehört viel Geduld dazu, bis man seine Sprech- und auch seine Singstimme so einsetzen kann, dass sie wie ein «Musikinstrument» wirken kann. Das rhythmisch-musikalische Sprechen ist ein Sprechen, in dem Rhythmus und Melos der Sprache hervorgehoben werden; Sprache als Bewegungs- und Klanggeschehen steht im Vordergrund, Inhalt, Bedeutung, Begriff sind sekundär. Das Singen ist «instrumental», objektives Klanggeschehen, unsentimental; Inhalt und eigenes Empfinden treten zurück.

Es ist wichtig, die sprachliche Gestaltung so anzulegen, dass nicht die Wortbedeutung, sondern das rhythmisch-musikalische und das dynamische Sprachgeschehen dem Kind angeboten werden. Die «Plastik» der Laute, die «Gebärde» der Worte, der «rhythmisch-pulsierende» Sprachfluss, das «melodische» Klingen, die Vielfalt der «Klangfarben», die Differenzierung der «Klangstärken» sind es, auf die wir unsere Aufmerksamkeit lenken müssen. Es ist ein dem Singen nahestehendes, aus der Prosa herausgehobenes Sprechen – keine Rufterzen, sondern unterschiedliche, der Sprachgebärde entsprechende Tonhöhen-Klangvielfalt, deren Notation gar nicht möglich wäre. Es handelt sich um ein objektives musikalisches Geschehen ohne Dramatisierung. Im Vordergrund steht also das schöpferische, künstlerische Wesen und nicht der Begriff der Sprache. Das Kind erfährt und erlebt im Eintauchen in den stattfindenden Lautbildungsprozess und im Mitvollziehen der Wortgebärden die

Seinsform der Sprache, die noch Urgebärde (Bewegung) und nicht «abstrahierter Begriff», auch noch nicht oder nur anfänglich beschreibendes «Sprachbild» ist. Es kann sich in diesem prozessualen Geschehen die Sprache ganz einverleiben und erfährt so eine umfassende, tiefgehende geistige «Bildung».

In dieser Form haben das Sprechen und die Sprache «schöpferische» Funktion. Der Organismus des Kindes wird plastiziert (Hirnstrukturierung etc.), und die Grundlagen für ein schöpferisches, fantasievolles Umgehen (Gestalten) mit der Sprache werden geschaffen.

Zur *Praxis des Singens* ist zu erwähnen, dass der Erwachsene die melodischen Motive sehr behutsam an das Kind herantönen lässt. Er singt nicht mit voller Stimme und vermeidet ein Vibrato; der Ton gleitet auf dem Atemstrom und umspielt das Kind, ergreift es nicht. Die Bewegung und das Singen des Textes müssen ganz in das pulsierende Strömen eingebettet sein. Das Singen soll nicht beeindrucken, sondern eine Hülle bilden, in die das Kind sich einschmiegen kann. Dazu gehört auch, dass man jede Sentimentalität beiseite lässt, ebenso das Lenken der Aufmerksamkeit auf den Textinhalt. Das Klanggeschehen soll objektiv vermittelt werden, kosmische Ordnungen erfahrbar machend.

Alle Lieder in der Quintenstimmung beginnen auf dem Zentralton a′. Es ist wichtig, dass der Erzieher die Lieder auch wirklich auf dieser Tonhöhe beginnt. Das a′ ist der Sonnenton, um den herum sich in wunderbar harmonischer Ordnung die Töne der Quintenstimmung gruppieren. Der Tonraum vom d′ zum e″, das ist das Intervall der None, entspricht ideal dem kindlichen Stimmumfang.

Da nur wenige Menschen mit dem absoluten Gehör begabt sind, ist es gut, wenn man vor dem Singen mithilfe eines Instruments den Ton a′ anstimmt. Besonders geeignet sind hierfür die Choroi-Instrumente, allen voran die Einlochflöte mit dem Intervall d′-a′. Man bläst hinein, ohne das Loch zu schließen, und schon ertönt das a′. Messingklangröhre, Pentatonflöte oder Kinderharfe sind ebenfalls geeignet, den Ton a′ in zartem Klang anzutönen.

Nachdem die Erzieherin oder der Erzieher sich den Ton vom Instrument geholt hat, summt sie oder er ihn leise der Gruppe zu; das versetzt die Kinder bereits in die zum Singen richtige Schwingung. Das Tonangeben mit dem «Spielkameraden Flöte (Harfe, Klangröhre …)» gehört dann in das gestaltete Spielgeschehen selbstverständlich mit hinein.

Das *Rhythmuserleben* des Kindes im ersten Jahrsiebt ist elementar und von der Pulsation bestimmt. Die Pulsation ist das Urelement, die Keimzelle alles rhythmischen Geschehens. Sie ist die stetige Wiederholung eines Ähnlichen, nicht des Gleichen. Pulsation, das ist der am Herzschlag orientierte Grundschlag, der den zeitlichen Strom gliedert.

Die Pulsation ist zweiteilig, ist Polarität von Anstoß und Erholung, ist Impuls und Entspannung. Sie wird meist als Pause bezeichnet; in ihr geschieht aber Entscheidendes, nämlich die Vorbereitung des neuen Anstoßes. Auch der Herzschlag ist zweiteilig, ist eine Polarität von Ausbreiten und Zusammenziehen (Systole und Diastole), ebenso die Atmung mit ihrer Polarität von Ausatmung und Einatmung. Wie der Puls und die Atmung ist die Pulsation variabel im Tempo, sie hat wie diese eine elastische Anpassungsfähigkeit und kann langsamer und schneller werden, wirkt so als ein belebendes Element im Zeitgeschehen. Die Pulsation bildet die Grundlage für alle zeitlichen Ordnungen.

Die hier verwendete Notenschrift ist keine auf messbare Werte festgelegte Notation. Sie ist als Erinnerungshilfe für den Melodieverlauf gedacht, der sich frei am Sprach- und Bewegungsablauf orientiert.

Die übliche Art der Notation von Liedern mit Takteinteilung wird hier also vermieden, um das pulsierende Strömen der Melodie nicht zu behindern. Alle Noten sind ohne die üblichen Notenhälse geschrieben, Taktstriche sind nicht eingetragen. Schon der Anblick der beiden unterschiedlichen Notationsweisen lässt erkennen, dass die taktgebundene Notation etwas Festes, Strukturiertes zeigt, während die freie Notation ohne Notenhälse und Taktstriche den strömenden Verlauf von Bewegung, Sprache und Melodie repräsentiert.

Einem üblichen Vier-Viertel-Takt entsprechen in der hier verwendeten Schreibweise vier Noten in der Pulsation: entweder ● ● ● ● oder ○:

● = eine Pulsation

⊘ = ● ● = Dauer von zwei Pulsationen

⊘⁀● = ● ● ● = Dauer von drei Pulsationen

○ = ● ● ● ● = Dauer von vier Pulsationen

●⁀● = ● = Dauer von einer Pulsation

√ = ● = Pause von der Dauer einer Pulsation

⌒ = Legatobogen, Töne dicht miteinander verbinden.

𝄐 = Fermate, den Ton etwas länger halten

𝄆 𝄇 = Wiederholungszeichen

7. Die rhythmisch-musikalisch gestaltete, phänomenologisch stimmige, repräsentative Handgeste

Die künstlerisch-musikalischen Gesten müssen durch die exakte Beobachtung gefunden werden, das Entdeckte dann ganz zurückgenommen auf das Wesenhafte, das Besondere, das Eigenartige der Erscheinungsformen, auf die Handbewegungen übertragen, das heißt in deren Möglichkeiten wiedergefunden werden (hervortretende Merkmale der Gestalt, Charakteristika der Bewegungsart usw.). Wahrnehmbare Wirklichkeiten werden durch die Hand künstlerisch, nicht naturalistisch, leiblich nachgestaltet, verkörpert.

Exakte Fantasie, wie Goethe es bezeichnet, ist gestaltend wirksam. Dadurch dringt man aus dem subjektiv Empfindungsmäßigen, Emotionalen und dem subjektiv Meinungsmäßigen, Intellektuellen in den Prozess der objektiven Wahrnehmung («die Wahrheit nehmen») der Phänomene ein. Diese Art der Wahrnehmung ist die Grundlage für die Gestaltung der phänomenologisch stimmigen, repräsentativen Geste. Durch die am Urphänomen sich orientierende Geste kann etwas von den in den irdischen Erscheinungsformen der Schöpfung wirkenden kosmischen Ordnungen erfahrbar gemacht werden.

Ebenso wenig wie subjektive Empfindung und Meinung die Grundlage zur Gestenbildung sein können, sollte man nach Erwachsenenprinzip verfahren und auf Sensation hin gestalten oder gar mit Gags durch Übertreibungen und Verzerrungen arbeiten. Es muss das Anliegen sein, durch Vereinfachung, dem frühkindlichen und vorschulischen Welterleben des Kindes Rechnung tragend, vom Urphänomen zur Urgebärde zu gelangen; diese kann dann in rhythmisch-musikalisch gestalteten Gestenspielen mit gleichzeitiger Versprachlichung der Handlung in Versen und Quintenstimmungsliedern ihre Anwendung finden.

8. Für die Spielleiter

Es ist wünschenswert, dass der Erwachsene, der mit den Kindern singt und spricht, seine Stimme übt, schult und pflegt. Auch für seine Bewegungen muss er etwas tun, damit sie für die Kinder ein gutes Vorbild sind.

Sollten der Kniesitz (Fersensitz) und der Kniestand aus Gründen körperlicher Beschwerden nur unter großen Schwierigkeiten durchzuführen sein, kann man notfalls auf das Stehen zurückgreifen. Es ist besser, die Bewegungen gelöst durchzuführen, als dass sie durch Schmerzen verkrampft sind.

Das Gleiche gilt für das Singen; sollte es nicht möglich sein, die Lieder in der angegebenen Tonhöhe leicht und frei zu singen, ist es besser, den Text rhythmisch-musikalisch zu sprechen, das heißt Rhythmus und Melos hervorhebend. Der Sinngehalt tritt dann zugunsten des Klanggeschehens zurück. Dieses melodiöse Sprechen wird von Kindern als Musik empfunden. Man kann auch beim Singen zum Beispiel das hohe e» mit dem h' austauschen, denn ein müheloses Singen ist wichtig.

1 Siehe hierzu den Abschnitt «Die Stola», S. 13.

2 «Tatnen – schöpferisches Spiel des Kindes», siehe Peter Rosegger, *Als ich noch der Waldbauernbub war.*

Das Hirtenspiel

Textgrundlagen

Lukas-Evangelium, Kapitel 2, Verse 8–20
Übersetzung Lic. Emil Bock (1948)[4]

8 Und es waren in der Nähe Hirten auf dem
Felde. Sie hüteten und umhegten von Nacht-
wache zu Nachtwache ihre Herden.
9 Da stand auf einmal der Engel des Herrn vor
ihnen, und das Licht der Gottesoffenbarung
umleuchtete sie.
10 Ein großer Schrecken bemächtigte sich ih-
rer, aber der Engel sprach: Fürchtet euch nicht,
ich verkündige euch die große Freude, die der
ganzen Menschheit zuteil werden soll.
11 Heute ist euch der Bringer des Heils gebo-
ren in der Stadt Davids: CHRISTUS, der Herr.
12 Und daran sollt ihr ihn erkennen: Ihr werdet
ein Kindlein finden, in Windeln gewickelt, das
in einer Krippe liegt.
13 Und mit einem Male war um den Engel
die Fülle der himmlischen Engelchöre ver-
sammelt; ihr Lobgesang tönte zum göttlichen
Weltengrund empor:
14 Geoffenbaret sei Gott in den Höhen und
Friede auf Erden den Menschen, die eines gu-
ten Willens sind.
15 Und als die Engel vor ihnen wichen, wie-
der aufgenommen von den Himmelssphären,
sprachen die Hirten zueinander: Lasst uns nach
Bethlehem gehen, damit wir die Erfüllung des
Wortes sehen, das uns der Herr kundgetan hat.
16 Und sie gingen in Eile und fanden Maria
und Joseph und das Kindlein, das in der Krip-
pe lag.
17 Und als sie es sahen, machten sie bekannt,
was ihnen über das Kind gesagt worden war.
18 Und alle, die es hörten, erstaunten über die
Worte der Hirten.
19 Maria aber behütete alle diese Worte und
bewegte sie in ihrem Herzen.
20 Und die Hirten kehrten heim; göttliches
Licht erstrahlte aus den Worten, mit denen
sie den Weltengrund priesen, und alles, was
sie gehört und gesehen hatten, was zu ihnen
gesprochen worden war, hatte sich wirklich er-
füllt.

Der 150. Psalm

Alles, was Odem hat, lobe den Herrn!
Halleluja!

Lobet den Herrn in seinem Heiligtum;
lobet ihn in der Feste seiner Macht!

Lobet ihn in seinen Taten;
lobet ihn in seiner großen Herrlichkeit!

Lobet ihn mit Posaunen;
lobet ihn mit Psalter und Harfe!

Lobet ihn mit Pauken und Reigen;
lobet ihn mit Saiten und Pfeifen!

Lobet ihn mit hellen Zimbeln!
Lobet ihn mit wohlklingenden Zimbeln!

Alles, was Odem hat, lobe den Herrn!
Halleluja!

4 Ausgabe: Verlag Urachhaus, Stuttgart 1980.

Vorschlag für das Kurzspiel

Es ist gut, die Kinder allmählich in das Spielgeschehen hineinzuführen, sie einzustimmen. Man spielt darum nicht gleich das ganze Spiel.

Zunächst kann man im Kindergarten das «Bim-bam-Lied» in den Morgen mit hineinnehmen; die erste Strophe dieses Liedes ist geeignet, auf das Hirtenspiel vorzubereiten oder unabhängig vom Hirtenspiel in der Vorweihnachtszeit für die Kinder zu singen. Man bezieht es in den Tagesablauf mit ein. Die Kinder dürfen weiterspielen, wichtig ist das Herantönen des Quint-Rufes. Ob die Kinder mit einstimmen wollen, überlasse man ihnen. Man gibt also keine Aufforderung zum Singen. Bei gutem Vorbild und durch häufige Wiederholung ergibt sich das von selbst. Die zweite Strophe wird als Spielausklang angestimmt oder nach dem 24. Dezember gesungen.

Dann wird das Handgestenlied: «Seid stille, seid still ...» gesungen. Dieses Lied ist eigentlich das Kernstück, somit ist es wichtig, dass es von Anfang an im Mittelpunkt steht und als Erstes an die Kinder herangetragen wird. Welche Auswahl man auch spielen mag, «Seid stille, seid still ...» muss immer dabei sein.

In das «Kurzspiel» können dann nach und nach «Ergänzungsspiele» eingefügt werden, sodass die Kinder ohne Überforderung in den «Gesamtkomplex» hereinwachsen können. Für das Vorschulkind ist durch das neu Hinzukommende die beliebte Überraschung gegeben. Der Erzieher muss abspüren, welcher Aufbau des Spieles der Altersstufe, der Gruppenzusammensetzung und den räumlichen Gegebenheiten angemessen ist.

Für das frühkindliche Alter sowie für das behinderte oder geschädigte Kind ist das «Kurzspiel» zu empfehlen. Auch für das gemeinsame Spielen von Eltern und Kindern daheim ist es gut geeignet.

Die Grundstruktur der Komposition «Einstimmen – Verkündigung – Die Hirten kommen – Anbetung – Reigen – Hüten des Kindes – Die Hirten gehen – Ausklang» ist auch im Kurzspiel gegeben.

Hinweise zum Spielkreis

Das Ideal ist ein Hockerkreis, daneben eine freie Spielfläche als «Feld», von dem man zum Stall zieht und wieder dorthin zurück. Nur den Hockerkreis als Ort für das gesamte Spielgeschehen zu nehmen ist auch sehr gut, besonders mit jüngeren Kindern oder bei fehlendem Platz. Wenn kein Raum für den Hocker- oder Stuhlkreis vorhanden ist, muss man auf den «Kniesitz» am Boden zurückgreifen. Das ist im Hirtenspiel zu vertreten, da die Hirten sich ja tatsächlich viel am Boden «lagern».

Die ordnende Funktion des Hockerkreises für den Spielablauf ist jedoch durch nichts anderes zu ersetzen.

Die Krippe mit dem Kind, das zunächst noch mit einem Tuch bedeckt ist, ist im Zentrum des Spielraumes. Der Erzieher und die Kinder sitzen, stehen und bewegen sich im Kreis darum herum.

Das Wiegen des Kindes im Spiel ist kein realistischer Vorgang, sondern ein symbolischer Akt, der durch die Handgebärde dargestellt wird; es genügt also eine Andeutung der Krippe in der Raummitte, zum Beispiel Heu und Stroh auf einem Tuch am Boden. Siehe hierzu Gestaltungsvorschläge für die Krippe, S. 153 f.

Der Aufbau des Hirtenspiels «Seht, die Hirten kommen alle!»

Rahmenhandlung

- Einstimmung
- Aufbau des Spielkreises (Hocker- oder Stuhlkreis stellen)
- Krippe mit Kind (bedeckt) herrichten
- Körbchen mit klangerzeugenden Handspielgeräten und die Instrumente bereitstellen
- Naschwerk herrichten
- Gegebenenfalls den Kindern das festliche Gewand anziehen.

Abfolge des Kurzspiels

A Bim-bam-Lied (Einstimmung)

B Es fängt an[1] (Silberzimbel oder Messingglöckchen)

1. Verkündigung
2. Die Hirten kommen[2] [Ergänzungsspiel 1: Den Berg hinan, den Berg hinab]
3. Im Stall: Anbetung
Wiegen
Tiere wärmen das Kind
4. Dideldum-Tänzchen und Es-ist-genug-Lied [Ergänzungsspiele 2–6: Ruhe-Dideldu, Silberzimbeln, Schellenstäbchen, Poch-Poch-Hölzchen, Ruf der Tiere]
5. Engel hüten das Kind (Heiligung)
6. Die Hirten gehen [Ergänzungsspiele 6: Der große Abschluss und 1: Den Berg hinan, den Berg hinab]
7. Auf dem Felde angekommen

C Es ist aus

D Nüssli![3]

1 «Es fängt an» und «Es ist aus» wird jeweils mit Fingerzimbeln oder einem Messingglöckchen begleitet.

2 Alle Ergänzungsspiele stehen in der eckigen Klammer. Der Spielablauf ohne die Ergänzungsspiele ist das Kurzspiel.

3 Gibt man den Kindern nach dem Spiel eine Kleinigkeit zum Kauen (Haselnuss, Rosine, usw..), breitet sich in ihnen ein physisches Behagen aus; das Spielgeschehen kann somit bis in den Stoffwechsel hinein nachschwingen.

Das Hirtenspiel (Kurzspiel)

A Bim-bam-Lied (Einstimmung)

B Es fängt an

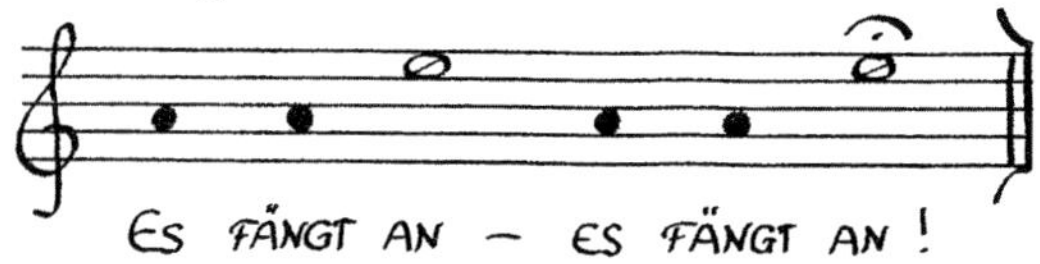

1. Verkündigung

Auf dem Felde mit ihren Schafen
sind die Hirten und schlafen – schlafen.
Nur zwei halten Wache und hüten die Herde,
damit nicht ein Schäflein verloren werde.
Erscheint der Engel inmitten der Nacht,
leuchtet so hell, da sind alle erwacht!
Staunend hören sie, wie er singt.
Frohe Botschaft der Engel bringt:

Es jauchzt die ganze Engelsschar.

Kommt, ihr Hirten, kommet alle
zu der Krippe in dem Stalle,
um zu seh'n – um zu seh'n,
welches Wunder ist gescheh'n.

2. Die Hirten kommen

Seht, die Hirten kommen alle,
kommen alle zu dem Stalle.
Wollen seh'n, wollen seh'n,
welches Wunder ist gescheh'n.
Und im Trippel-Trippelschritt
kommen auch noch Schafe mit.
Und im Trippel-Trippelschritt
kommen auch noch Schafe mit.

Eilen alle – eilen alle
zu dem Stall in Bethlehem.
Wollen seh'n – wollen seh'n,
welches Wunder ist gescheh'n.
Bleiben steh'n.

3. Im Stall

Anbetung
Angekommen sind sie alle
bei dem Stalle, bei dem Stalle.
Treten ein – treten ein,
finden drin das Kindelein.

Die Hirten mit den Schafen
staunend an der Krippe steh'n.
Voll Freude sie das Himmelskind anseh'n.
Tun die Knie beugen.
Tun die Häupter neigen
vor dem holden Gotteskind,
zu dem sie heut' gekommen sind.

Wiegen
Seh'n auf Heu und Stroh es liegen.
Mit Maria und dem Joseph
sie das Jesuskindlein wiegen.

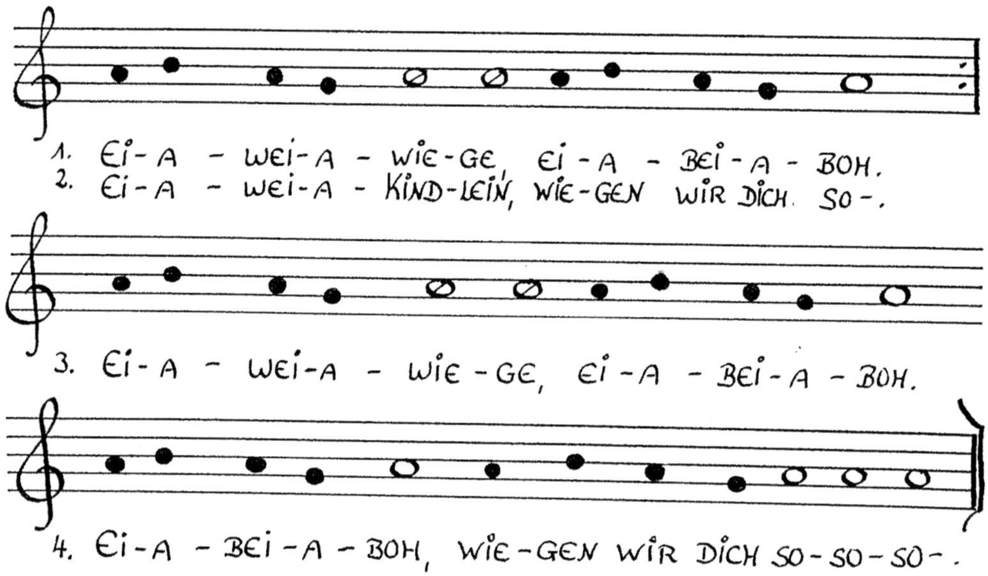

Die Maria und der Joseph sagen: «Danke schön!
Für das Wiegen, Wiegen: Danke schön!»
Und das Kindlein lächelt so, lächelt so,
dass das Herz wird warm und froh,
warm und froh!

Tiere wärmen das Kind

Ochs und Esel und die Schafe
alle bei der Krippe sind.
Mit dem Atem – hhhhh!,
ihrem Atem – hhhhh! – hhhhh!
wärmen sie das Christuskind.
Die Maria und der Joseph sagen: «Danke schön!
Für das Wärmen: Danke schön!»
Und das Kindlein lächelt so, lächelt so,
dass das Herz wird warm und froh, warm und froh!

4. Dideldum-Tänzchen und Es-ist-genug-Lied

Die Hirten sind voll Freude ganz,
sie machen um die Krippe einen Reigentanz.

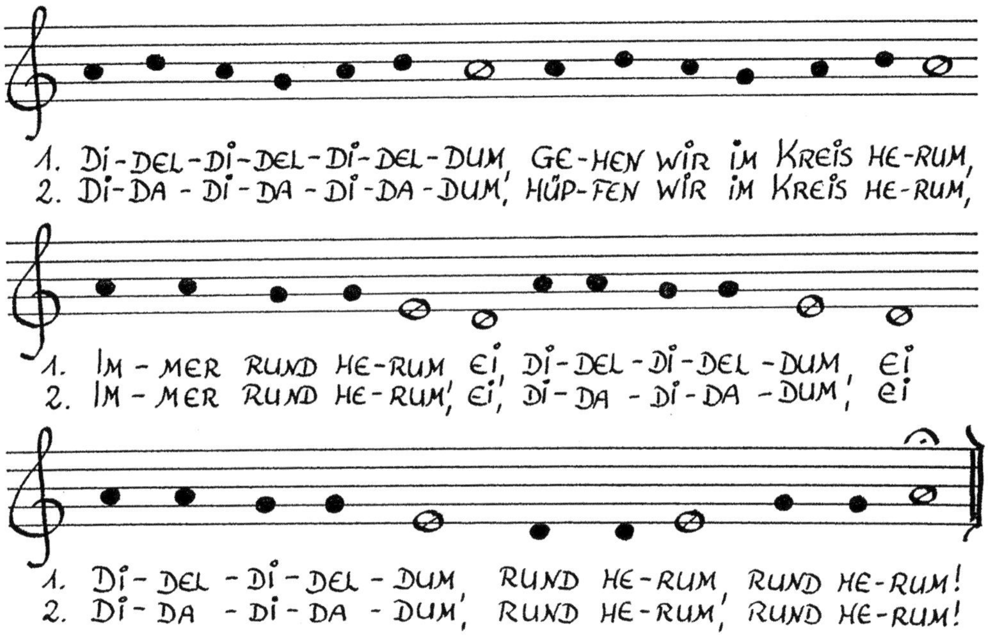

Der Joseph, der ruft: «Haltet ein!
Es ist genug fürs Kindelein.»
Da setzen sich die Hirten wieder
ganz still nieder.
Ganz still.

Der Joseph singt:

5. Engel hüten das Kind (Heiligung)

Und die schönen, lichten Engel,
die herabgekommen sind,
all die schönen, lichten Engel
hüten still das Gotteskind.

Es schlummert ein – das Kindelein.
Und im Schlafe lächelt's so, lächelt's so,
dass das Herz wird warm und froh,
warm und froh.
Die Maria und der Joseph sagen: «Danke schön!
Ihr lichten Engel, für das Hüten: Danke schön!»

6. Die Hirten gehen

Die Hirten haben heut' im Stalle
das holde Gotteskind geseh'n.
Mit ihren Schafen woll'n sie alle
zurück aufs Feld jetzt wieder geh'n.
Sie geh'n im Herzen froh.

7. Auf dem Felde angekommen

Auf dem Felde angekommen
halten alle Ruh'!

Nur die Engel halten Wacht
in der hohen, heiligen Nacht,
in der Weihenacht.

C Es ist aus

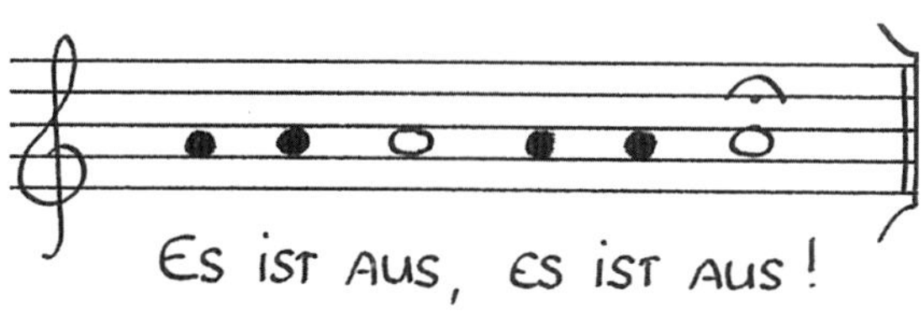

D Nüssli

Und zum Schluss gibt's noch ein Nüssli,
von dem Christuskind ein Grüßli.
Mäulchen auf! Ich steck's hinein.
Kauen – kauen! Mmm – schmeckt fein!

Spielhinweise zum Hirtenspiel

Das Sprechen muss so gestaltet werden, dass die Sprache als ein Bewegungs- und Klanggeschehen erfahren werden kann. Siehe hierzu «Hinweise zur sprachlichen Gestaltung», Seite 16.

Alle Bewegungen müssen rechtzeitig vorbereitet werden, damit die Bewegung und das Sprechen sich als einheitlicher Akt vollziehen können. Bei allen Bewegungen muss man sich Zeit lassen, um sie zu bilden, da nicht die fertige Geste, sondern der Entstehungsprozess das Wesentliche ist. Es ist wichtig, bei allen Gebärden und Raumbewegungen darauf zu achten, dass Platz genug für die Bewegungen vorhanden ist, damit die Kinder sich nicht anstoßen. Gegebenenfalls macht man die Bewegungen etwas kleiner.

A Bim-bam-Lied (Einstimmung)

Der Erzieher geht singend mit den Kindern durch den Raum. Die Gruppe formiert sich am Ende der Strophe zum Kreis und lässt sich am Boden, auf Hockern oder Stühlen nieder.

Bei einem längeren Weg kann man das Lied wiederholen, bis jeder seinen Platz am Boden eingenommen hat. Der Erzieher holt die Zimbeln für den Anfangsruf:

B Es fängt an

Die Zimbeln behutsam anschlagen und wie auf der Abbildung, dem Klang lauschend, im Bogen über oben nach außen führen und in den verklingenden Ton «Es fängt an!» singen. Den Ablauf wiederholen. Zimbeln weglegen.

1. Verkündigung

Text	Bewegung
1 Auf dem Felde ←→	1 Der Erzieher sitzt im Kniesitz am Boden und die Kinder kreisförmig um ihn herum. (Eine weitere Möglichkeit: Alle sitzen auf Hockern oder Stühlen, die im Kreis stehen.) Nachdem das «Es fängt an» verklungen ist, hebt der Erzieher die Hände auf Magenhöhe an, die Innenflächen nach unten. Er deutet mit seinen Händen vor sich und neben sich im weiten Bogen eine Fläche an, das «Feld». Seine Bewegungen sind sehr langsam: Das Wort «Feld» spricht er gedehnt. Die Kinder ahmen nach oder schauen zu; man darf sie nicht zum Mittun auffordern.
2 mit ihren Scha-fen ∨ ∨	2 Der Erzieher legt seine Hände oberhalb der Brust als hochgehobene «Vorderbeinchen» an, die Finger sind als «Pfötchen» nach unten gebogen. Wenn er das Wort «Scha-fen» spricht, nickt er mit leicht hängendem Kopf auf jede Silbe einmal.

3 sind die Hirten

3 Jetzt legt der Erzieher die Arme im großen Bogen um den Kopf, sein linker Arm ist außen, zum Betrachter, gerichtet. Er legt seine Stirn auf den rechten Arm.

4 und schlafen – schlafen.

4 Mit den um die Stirn gelegten Armen beugt sich der Erzieher langsam nach vorne. Das Wort «schlafen» spricht er gedehnt und auf gleicher Tonhöhe bleibend, fast singend. Ein Weilchen verharrt er so, dann:

5 Nur zwei halten Wache

5 Bei «nur» richtet sich der Erzieher auf und legt beide Hände wie einen Schild an die Stirn. Das ist die Symbolgeste für die wachsamen Hirten. Er schaut wachsam auf das Feld. Bei «zwei» wendet sich der Erzieher etwas nach links hinüber, bei «Wache» etwas nach rechts.

6 und hüten die Herde,

6 Jetzt nimmt er die Hände von der Stirn weg, er führt sie mit nach unten zeigenden Handinnenflächen parallel langsam vor sich hinunter. Eine beschützende Gebärde! Diese behält er nach dem Wort «Herde» noch ein Weilchen stumm bei, dann weiter:

7 damit nicht ein Schäflein

7 Bei «damit» macht der Erzieher seine linke Hand zur lockeren Faust und legt diese als Schafsköpfchen nah an seinen Körper etwa auf Brusthöhe, der Handrücken zeigt zum Betrachter. Mit seiner rechten Hand streicht er zweimal liebevoll über das «Schafsköpfchen». Das Wörtchen «ein» spricht er sehr gedehnt, damit er für das Streichen viel Zeit hat.

8 verloren werde.

8 Bei «verloren» schmiegt der Erzieher die linke lockere Faust, das «Schafsköpfchen», an sein Brustbein und legt die rechte Hand beschützend darüber.

9 Erscheint der Engel inmitten der Nacht,

9 Der Erzieher erhebt sich in den Kniestand, dabei nimmt er die Arme über vorne nach oben als Flügel, seine Handinnenflächen zeigen zum Betrachter (Sybolgeste für Engel, sie kann kniend oder stehend ausgeführt werden).

10 leuchtet so hell,

10 Jetzt führt der Erzieher die «Flügel» seitlich etwas auseinander, ein klein wenig höher und gleichzeitig noch etwas mehr nach hinten. Es ist eine ruhige Bewegung, die gleichzeitig in drei Richtungen geht.

11 da sind alle erwacht!

11 Der Erzieher reibt sich mit beiden Händen die Augenlider. Bei «erwacht» führt er die Hände seitlich neben den Kopf; dabei schaut er staunend gen Himmel.

12 Staunend hören sie, wie er singt.

12 Dann führt er die erhobenen Arme und Hände etwas vor den Kopf und das Gesicht, rechts etwas höher erhoben als links, die Handinnenfläche zum Betrachter. Überrascht und sich vor der Helligkeit schützend, schaut und lauscht er gen Himmel.

13 *(stumme Bewegung)*

13 Der Erzieher nimmt die Arme herunter und erhebt sich in den Stand, dabei verbleibt er aber in der staunend-horchenden Gebärde.

14 Frohe Botschaft der Engel bringt:

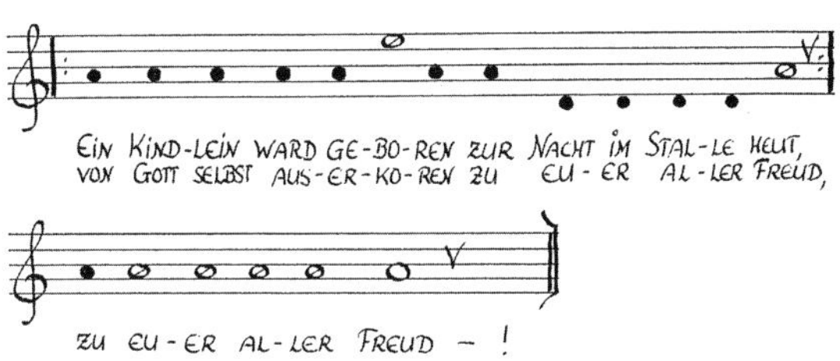

14 Im Stehen nimmt der Erzieher die Arme über vorn wieder nach oben in die Flügelgeste (siehe Seite 36, 9). Bei «der Engel bringt» neigt er die Flügel etwas nach vorne herunter. Dann beginnt er zu singen (siehe Noten).

15 *Singen:*
Ein Kindlein ward geboren

15 Bei «geboren» nimmt der Erzieher die Arme ein klein wenig nach oben, seitlich auseinander und etwas nach hinten, das ist ein Flügelschlag, wie Seite 36, 10.

16 zur Nacht im Stalle heut,

16 Der Erzieher löst die Flügelgeste auf und führt die Hände vor der Stirn zusammen.

Er deutet ein rundliches Dach an. Die Finger seiner rechten Hand liegen auf den Fingern seiner Linken.

17 von Gott selbst auserkoren

17 Einen Flügelschlag machen (Seite 36, 10)

18 zu euer aller Freud,

18 Der Erzieher führt die Arme herunter und zusammen, seine Hände – Innenflächen nach unten – begegnen sich auf Magenhöhe. Bei dem Wort «Freud» lässt er die Hände wenige Zentimeter nach oben schwingen.

19 zu euer aller Freud.

19 Jetzt dreht der Erzieher seine Hände um: Die Innenflächen nach oben. Er führt sie waagerecht auseinander – so als ob er etwas austeilt oder auf alle hinweist –, nicht zu weit, damit man sich nicht gegenseitig anstößt.

20 *Sprechen:*
Es jauchzt die ganze Engelschar.

20 Der Erzieher, der die Zeile «Es jauchzt die ganze Engelschar» spricht, stellt seine Unterarme senkrecht, dann beginnt er auf Brusthöhe seine Hände schwungvoll mit der Innenfläche zu sich, dann zum Betrachter und wieder zu sich und noch einmal zum Betrachter zu drehen; dabei führt er gleichzeitig die Arme nach oben. Bei «Schar» kommt er mit hoch erhobenen Armen und Händen, die Handinnenflächen zum Betrachter zeigend, an.

21 *Singen:*
Gott kommt hernieder zur Erde,

21 Es wird wieder gesungen; dabei die Bewegung wie oben bei 18, das Herunterführen über die Dauer der Worte «Gott kommt hernieder zur» gleichmäßig einteilen. Bei «Erde» eine leichte Schwingung der Hände nach oben, wie oben bei «Freud» (18).

22 dass Friede – Friede werde.
←→ ←→

22 Der Erzieher führt seine Hände, mit den Innenflächen nach unten, auf der Waagrechten seitlich auseinander und wieder zusammen. Bei «werde» hält er die zusammengeführten Hände in einer segnenden Geste. Zäsur.

23 *Sprechen:*
Kommt ihr Hirten, kommet alle

23 Der Erzieher wendet sich freudig den Kindern zu. Bei den Worten «kommt» und «kommet» winkt er jeweils mit beiden Händen alle Hirten zu sich heran, einmal mehr von links, einmal mehr von rechts.

24 zu der Krippe in dem Stalle,

24 Bei dem Wort «Krippe» bildet der Erzieher in leicht gebückter Körperhaltung auf Höhe der Oberschenkel mit seinen Händen eine Schale. Bei «Stall» richtet er sich wieder auf und zeigt, wie Seite 36, 16, mit den Händen ein rundliches Stalldach.

25 Um zu seh'n, um zu seh'n,

25 Er behält die Dachgeste bei, führt sie aber etwas höher hinauf und etwas weiter von sich weg nach vorne, darunter hindurch schaut er bei «um zu seh'n» in die Ferne, beide Male in die gleiche Richtung, beim zweiten Mal streckt er sich ganz wenig nach vorne.

26 welches Wunder ist gescheh'n.

26 Der Erzieher führt seine Hände, die sich fast berühren, nach oben im Kreis über außen nach unten. Bei «Wunder» muss er mit den Händen die maximale Höhe erreicht haben. Erst wenn er das Wort «Wunder» gesprochen hat, öffnet er seine Hände und Arme nach der Seite, wie «den Himmel mitnehmen». Für das Herunterführen der Arme und Hände lässt sich der Erzieher viel Zeit. Dann führt er die Hände vor dem Bauch zu einer Schale zusammen, und bei «gescheh'n» hält er diese Schale als Symbol für das «Empfangen» vor sich.

2. Die Hirten kommen

Text	Bewegung
1 Seht,	1 Der Erzieher wendet sich mit hoch erhobener Hand (den Arm dabei nicht überstrecken) freudig den Kindern zu.
2 die Hirten kommen alle,	2 Den erhobenen Arm schwingt er mit einer großen, alle Hirten umfassenden Bewegung im Bogen von rechts nach links, damit lädt er zum Gang nach Bethlehem ein. Es ist eine impulsierende Bewegung.

Text	Bewegung
3 kommen alle zu dem Stalle. Wollen seh'n, wollen seh'n, welches Wunder ist gescheh'n.	3 Jetzt dreht sich der Erzieher mit der rechten Schulter zur Kreismitte und geht, mit dem linken Fuß beginnend, im Uhrzeigersinn auf der Kreisbahn umher: Man macht sich auf zum Stall. Das Gehen ist nicht im Takt, man «marschiert» also nicht in der Sprachpulsation. Zwischen den Zeilen werden Pausen eingehalten, während derer man ruhig weitergeht. Das Sprechen wird intensiver, eventuell sogar etwas lauter zu dem Wort «Wunder» hin, das gedehnt gesprochen wird.
4 Und im Trippel-Trippelschritt kommen auch noch Schafe mit.	4 Der Erzieher legt seine Hände mit abgeklappten Fingern an die Brust als «Vorderpfötchen» der Schafe. Mit kleinen Schritten, die Knie bei jedem Schritt hochziehend, trippelt er leicht federnd einher. Siehe Abbildung Seite 41. Auch die Trippelschritte nicht im Rhythmus des Sprechens ausführen. Ein Zusammengehen wird sich hin und wieder ergeben, soll aber nicht fortlaufend so sein. Die Kinder müssen

nicht exakt auf der Kreisbahn hintereinander gehen, sie dürfen sich frei kreisend bewegen.

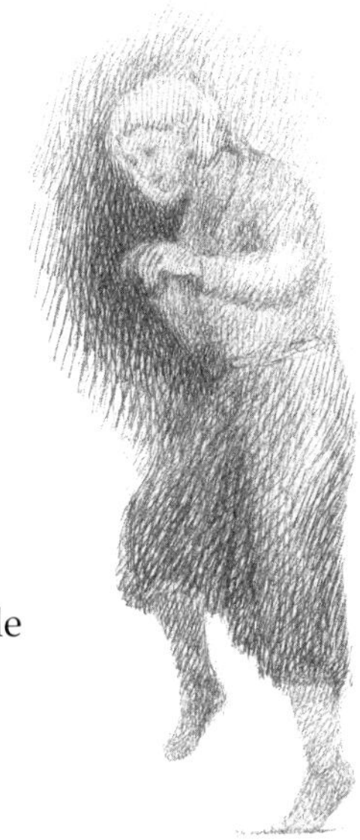

[Hier kann das Ergänzungsspiel 1: «Den Berg hinan, den Berg hinab» eingefügt werden, Seite 59 ff.]

5 Eilen alle – eilen alle

5 Der Erzieher löst die Schäfchenhaltung auf und geht mit leicht gleitendem Laufen ohne besondere Betonung weiter. Jeweils bei dem Wort «eilen» macht er mit den Händen und Armen parallel von hinten unten eine impulsierende, schwungvolle Bewegung, wie: «die Herde treiben». Beim stummen Laufen bleibt die Bewegung der Arme weg.

6 zu dem Stall in Bethlehem.

6 Er läuft immer weiter, auf die Worte «zu dem Stall» macht er noch einmal die impulsierende Armbewegung wie bei «eilen». Bei «Bethlehem» geht er auf der Kreisbahn weiter und zeigt mit einer Hand in die Ferne.

7 Wollen seh'n, wollen seh'n,
welches Wunder ist gescheh'n.

7 Im Weitergehen führt der Erzieher jeweils bei «wollen sehen» wieder die Armbewegung von «eilen» aus. Für das Wort «Wunder» schwingt er die Arme noch einmal von hinten unten hoch, dieses Mal bis auf Kopfhöhe herauf, dann führt er die Arme langsam herunter, er verlangsamt das Laufen und kommt allmählich zum Stehen. Er lässt sich Zeit, bis alle stehen. Dann spricht er: «Bleiben steh'n.»

Bleiben steh'n.

3. Im Stall

Anbetung

Text	Bewegungen
1 Angekommen sind sie alle	1 Der Erzieher macht eine Vierteldrehung zur Kreismitte und wartet, bis es alle Kinder nachgeahmt haben.
2 bei dem Stalle – bei dem Stalle. ∨	2 Dann zeigt er das Stalldach, wie Seite 37, 16. Er behält die Dachgeste bei und nickt bestätigend auf das zweite «bei», dabei neigt er sich etwas nach vorne und richtet sich wieder auf.
3 *(stumm)*	3 Jetzt löst der Erzieher die Dachgeste auf, er schaut die Kinder an wie: «Ein großes Geheimnis wartet da drin auf uns.» Dann setzt er behutsam zum Schritt an.
4 Treten ein – treten ein,	4 Bei «treten» macht er einen vorsichtigen Schritt mit dem rechten Fuß zur Mitte und bei der Textwiederholung noch einen Schritt mit dem linken. Ist nur wenig Platz, setzt er den linken Fuß neben den rechten. (Steht ein Hocker- oder Stuhlkreis, um den herum man zum Stall geeilt ist, muss man an dieser Stelle durch die Lücken ins Kreisinnere eintreten.)
5 *(stumm)*	5 Der Erzieher, besser der Helfer (wenn vorhanden), nimmt jetzt das Tuch von dem Kind in der Krippe (oder schlägt es nur zurück).
6 finden drin das Kindelein.	6 Der Erzieher bleibt an seinem Platz stehen, neigt seinen Oberkörper leicht zum Kind und streckt die Arme vor (die Ellbogen bleiben leicht gebeugt), die Handinnenflächen sind zueinander gewendet, als ob er das Kind ergreifen wolle.

7 Die Hirten

7 Bei dem Wort «Hirten» führt der Erzieher beide Hände als Schild an die Stirn.

mit den Scha–fen
∨ ∨

Bei «Scha-fen» legt er die Hände als Pfötchen an die Brust und nickt auf die beiden Silben je einmal. Er spricht langsam und lässt sich beim Bilden der Gesten Zeit.

staunend an der Krippe steh'n.

Bei «staunend» macht er einen kleinen Schritt zurück, dabei schlägt er die Hände leise zusammen und drückt sie an die Brust. Er verweilt in dieser Haltung bis «stehen».

8 Voll Freude sie das Himmelskind anseh'n.

8 Jetzt löst er die Hände von der Brust und führt sie im Bogen nach oben. Er teilt die Armbewegung so ein, dass er bei dem Wort «Himmelskind» den höchsten Punkt erreicht (siehe Abb.), dabei schaut er zum Himmel. Dann führt er die Arme langsam seitlich herunter und deutet mit den Händen – Innenflächen nach oben – auf das Kind in der Krippe, wie: «aus Himmelshöhen ist es zu uns gekommen!» Er schaut das Kind in dieser Haltung ein Weilchen liebevoll an.

9 Tun die Knie beugen.

9 Der Erzieher lässt sich in den Kniestand herunter. (Die Unterschenkel liegen auf dem Boden, ab den Knien ist der Körper aufgerichtet.)

10 Tun die Häupter neigen
vor dem holden Gotteskind,

10 Jetzt neigt der Erzieher den Kopf und kreuzt dabei die Hände leicht über der Brust. In dieser Haltung bleibt er bis «Gotteskind».

11 zu dem sie heut' gekommen sind.

11 Über die Dauer der Textzeile richtet sich der Erzieher langsam wieder auf, die Hände bleiben auf der Brust gekreuzt.

Wiegen

Text:

1 Seh'n auf Heu und Stroh es liegen.

Bewegungen:

1 Während man voll Ehrfurcht auf das Kind schaut und sieht, dass es auf Heu und Stroh liegt, geht der Erzieher vom Kniestand herunter in den Kniesitz (den Po auf die Füße setzen). Dabei führt er die Hände herunter und legt sie bei «liegen» auf die Knie und schaut ein Weilchen in dieser Haltung auf das Kind.

2 Mit Maria,

2 Er legt die Hände zusammen (wie beim Gebet), beugt sich etwas vor und bewegt auch die Hände etwas nach vorne herunter.

3 und dem Joseph

3 Die Symbolgeste für den Joseph: Der Erzieher legt sein Kinn auf seine übereinandergelegten Hände, siehe Abbildung. Er bleibt eine Weile in dieser Haltung.
(Man muss sich vorstellen, dass sich Josef auf seinen Stock stützt. Seine Hände ruhen auf dem imaginären, oben gebogenen Stock.)

4 sie das Jesuskindlein wiegen.

4 Jetzt löst der Erzieher die Geste auf. Etwa auf Magenhöhe befindet sich nun die imaginäre Wiege, die er mit sanftem Druck seiner Handballen vor und zurück schwingen lässt. Der Ton a' wird angestimmt.

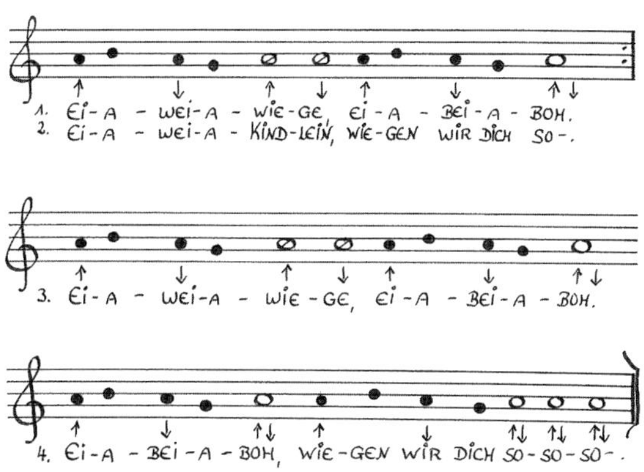

Der Erzieher führt das Wiegen im Liedrhythmus (wie durch die Pfeile markiert) aus. Die Bewegung ist sehr klein und in sich ruhend, kein Geschaukel. Sie findet im Handgelenk statt, die Handwurzel schwingt nach vorne und wieder zurück, als ob man damit leicht gegen die Wiege drückt und wieder zurückfedert. Es ist eine Symbolgeste für die Schwingung, die stattfindet zwischen denen, die gekommen sind, und dem Jesuskind, das gekommen ist. Eine Kommunikation: ein Austausch zwischen Erde und Himmel, der zur Erde gekommen ist. Gott schenkt uns seine Liebe, wir schenken ihm die unsrige! Wenn die Bewegung in sich verhalten bleibt, kann eine «Mandorla» von Kinderhänden um die Krippe entstehen. Am Schluss etwas anhalten.

Hinweis:
Es ist wichtig, das richtige Tempo für dieses «Wiegen» zu finden. Es ist kein Wiegenlied zum Einschlafen wie das spätere «Seid stille, seid still …». Die Hirten teilen mit, was ihnen von dem Kind gesagt wurde. Das Kind wird alle froh machen, der Heiland ist gekommen. Die «frohe» Botschaft muss in diesem Wiegen mitschwingen, trotzdem muss die Bewegung in sich ruhend und darf nicht hastig sein.

5 Die Maria und der Joseph sagen:
«Danke schön!

5 Beim Nennen der Namen zeigt der Erzieher die jeweilige Symbolgeste für die Maria und den Joseph, siehe Seite 44, 2 und 45, 3. Bei «Danke schön» öffnet er die Arme und Hände nach vorne und führt sie mit einer leichten Verneigung herunter.

6 Für das Wiegen, Wiegen: Danke schön!»

6 Noch zweimal macht der Erzieher die Wiegenbewegung, jeweils passend zu dem Wort «wiegen». Das «Dankeschön» führt er wie bei 5 aus.

7 Und das Kindlein lächelt so, lächelt so,

7 Der Erzieher führt die Hände mit den Innenflächen nach oben auf Magenhöhe nah zum Körper. Er lässt zwischen den Händen etwas Abstand und hält jede Hand für sich in «Schüsselform». Bei «lächelt so, lächelt so» schwingt er die Hände in der beschriebenen Haltung behutsam hin und her.

8 dass das Herz wird warm und froh,
warm und froh!

8 Bei «warm» legt er beide Hände leicht übereinander auf sein Herz. Für die Textwiederholung lässt er die Hände auf dem Herzen liegen, und bei «warm» nickt er bestätigend.

Tiere wärmen das Kind

Text

1 Oooochs

Bewegungen:

1 Der Erzieher spricht ein langgedehntes «O», mit dem der Tiername beginnt, und führt währenddessen seine Hände langsam herauf zur Stirn, bildet dabei Fäuste, die er bei «chs» als «Hörner» mit der Daumenseite an seine Stirnhöcker legt. Den Kopf neigt er dabei leicht (Stiernacken andeuten).

2 und Eeeesel

2 Jetzt öffnet er die Fäuste und legt die flachen Hände als «Ohren» (Innenflächen zeigen zum Betrachter) etwas oberhalb der Stirnhöcker mit der Daumenwurzel an. Das «E» spricht er

wiederum gedehnt und streckt sich dabei ein wenig im Oberkörper.

3 und die Schafe

3 Der Erzieher führt die Hände herunter, er winkelt die Arme dabei an, und bei «Schafe» legt er sie als «Pfötchen» an die Brust. Er nickt beim Sprechen der Worte «und» und «Schafe» jeweils einmal.

4 alle bei der Krippe sind.

4 Der Erzieher geht jetzt in den «Vierfüßlerstand» und stützt sich mit seinen Fäusten auf dem Boden ab. Das ist nicht als naturalistische Tierdarstellung zu verstehen, sondern man muss ganz nah beim Jesuskind sein, um es wärmen zu können.

5 Mit dem Atem – hhhhh!,
ihrem Atem – hhhhh! – hhhhh! –

5 Bei «hhhhh» streckt der Erzieher den Kopf etwas nach vorne in Richtung zum Kind. Er haucht den Atem so unhörbar wie möglich. (Gehauchter Atem ist warm, geblasener Atem ist kühl!)

6 wärmen sie das Christuskind.

6 Der Erzieher geht zurück in den Kniesitz, er überkreuzt die Arme, drückt sie fest gegen die Brust und reibt sich mit den Händen die Oberarme wie: «Es ist kalt, ich wärme mich.»

7 Die Maria und der Joseph sagen:
«Danke schön!

7 Langsam bildet der Erzieher die Symbolgesten «Maria» und «Joseph», und bei «Danke schön» öffnet er die Hände nach vorne und führt sie mit einer leichten Verneigung herunter, siehe Seite 46, 5.

8 Für das Wärmen: Danke schön!»

8 Bei dem Wort «Wärmen» kreuzt der Erzieher die Arme über der Brust und reibt sich mit den Händen die Oberarme. Das «Danke schön» ausführen wie Seite 46, 5.

9 Und das Kindlein lächelt so, lächelt so,

9 Bewegungen siehe Seite 46, 7.

10 dass das Herz wird warm und froh, warm und froh!

10 Bewegungen wie Seite 46, 8.

4. Dideldum-Tänzchen und Es-ist-genug-Lied

Das Tanzen ist für den kindlichen Menschen Ausdruck der Freude. Die Hirten tanzen einen Reigen um die Krippe – Urbild des Kreisens der Planeten um die Sonne. In früheren Kulturen war es üblich, zu Ehren Gottes um den Altar zu tanzen (siehe auch Psalm 150, Vers 4, Seite 22).

Text:

1 Die Hirten sind voll Freude ganz,

Bewegungen:

1 Der Erzieher steht mit freudigem Schwung auf. Den Text teilt er beim Sprechen so ein, dass er bei «Freude» bereits im Stand die Arme hochheben kann.

2 sie machen um die Krippe einen Reigentanz.

2 Jetzt dreht er sich mit der rechten Schulter zur Kreismitte und beginnt gleich mit dem Gehen im Kreis herum (je nach Altersgruppierung oder Gruppensituation kann man sich auch die Hände geben).

3 + 4

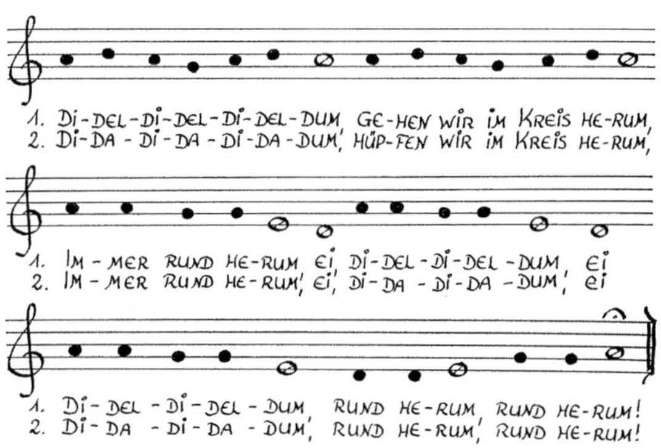

3 Der Erieher stimmt den Ton a′ an und singt die erste Strophe des Dideldum-Tänzchens. Dabei geht er im Zeitmaß der Pulsation, ohne besondere Betonung beim Singen und Gehen, um die Krippe herum. Es ist ein strömendes Kreisen, kein Marschieren.

4 Der Erzieher singt gleich die zweite Liedstrophe und hüpft dazu flink, die gleiche Richtung beibehaltend. (War man im Gehen angefasst, muss man die Hände jetzt lösen.) Je nach Alter wird das «Hüpfen» verschieden sein: «Galoppsprung» oder «Nachstellsprung», man lasse die Kinder gewähren. – Ein Zusammengehen von Sprach- und Bewegungsrhythmus wird für die Kinder noch nicht angestrebt. Die Worte beim Singen sehr deutlich artikulieren, sie impulsieren die Bewegung. Der Tanz wird immer

lebhafter und endet mit einem Schlusssprung beim letzten Ton.

5 Der Joseph, der ruft:

5 Der Erzieher schlüpft schnell in die Rolle des Joseph, der die rechte Hand hochhebt, wie um ein Zeichen zu geben.

6 «Haltet ein!

6 Er nimmt den erhobenen Arm etwas herunter und führt die zurückgebogene Hand mit einer abwehrenden Gebärde nach vorne mit dem Ruf «Haltet ein!» Diese Geste hält er eine Weile.

7 Es ist genug fürs Kindelein.»

7 Der Erzieher löst die Gebärde zum Innehalten auf, indem er die Hand mit der Innenfläche nach unten langsam senkrecht herunter führt, als ob er das Kind schützt. Dabei schaut er auf das Kind in der Grippe und spricht milde, beruhigend und sehr melodisch. Bei «fürs Kindelein» hält er die Stimme in der Schwebe. In der behütenden Geste verweilt er ein wenig.

8 Da setzen sich die Hirten alle wieder ganz still nieder.

8 Mit der rechten Hand macht der Erzieher eine einladende Gebärde im Bogen von rechts nach links und bewegt sich etwas von der Krippe weg nach außen, damit der Spielkreis wieder etwas größer wird. Bei den Worten «ganz still nieder» lässt er sich in den Kniestand herunter.

9 Ganz still.

9 Bei «Ganz still» setzt sich der Erzieher in den tiefen Fersensitz und legt seine Hände dabei flach auf die Oberschenkel. So bleibt er eine Weile sitzen.

10 Der Joseph singt:

10 Der Erzieher macht die Symbolgeste «Joseph», hält sie eine Weile und beginnt dann zu singen, nachdem er den Ton a′ angestimmt hat.

11 Singen
Es ist genug – es ist genug

11 Mit beiden Händen, die Innenflächen zum Betrachter, macht der Erzieher eine beruhigende Gebärde, erst nach links, dann nach rechts gewendet zu den imaginären Hirten.

12 für das Kind, das Kindelein.

12 Anschließend dreht er die Hände so, dass die Innenflächen nach unten zeigen, und führt sie dann nach vorne herunter. Das ist eine behütende Geste für das Kind in der Krippe.

13 Wir woll'n ein Weilchen stille sein.

13 Während des Singens führt der Erzieher die Hände zum Mund und legt am Schluss die Fingerkuppen an die Oberlippe. In dieser Haltung bleibt er ein Weilchen.

[Hier können die Ergänzungsspiele 2–6 «Das Ruhe-Dideldu», «Ertönen der Silberzimbeln», «Erklingen der Schellenstäbe», «Poch-poch-Hölzchen», «Ruf der Tiere» eingefügt werden, Seite 62 ff.]

Hinweis:
Das «Es-ist-genug-Lied» kann auch auf einer «Choroi-Flöte» in der Quintenstimmung oder der «Choroi-Einlochflöte d' – a'» geblasen werden. Die Einlochflöte ist spieltechnisch sehr einfach zu handhaben. Geblasen wird mit dem Atemstrom ohne Zungenstoß (kein düt-düt wie bei der Blockflöte). Der behutsam-gehauchte Ton hat eine beruhigende Wirkung, er berührt das Kind wie ein Streicheln. Der Klang der Choroi-Instrumente ist diffus, oberton- und resonanzarm und ist somit der kindlichen Konstitution angemessen, er bleibt im Außenraum und lässt frei.

Nur wenn man diese zarte «Tonqualität» erzeugen kann, sollte man die Choroi-Flöte einsetzen, sonst ist es besser zu singen, das auch behutsam und zurückhaltend geschehen muss, nicht mit voller Stimme. Weder die Block- noch die Querflöte sind für das vorschulische Alter zu empfehlen, der resonanzreiche, gezielte Ton dieser Instrumente attackiert die sensible Konstitution des jungen Kindes, «beein-druckt» zu sehr.

5. Engel hüten das Kind (Heiligung)

Text:

1 *Stumm erheben, dann:*
Und die schönen, lichten Engel,

Bewegung:

1 Der Erzieher erhebt sich in den Kniestand und nimmt seine Arme über vorn nach oben in die Engelgeste.

2 die herabgekommen sind,
(vor)

2 Er bewegt die erhobenen Arme (Flügel) leicht nach vorne, macht also einen zarten Flügelschlag.

3 all die schönen, lichten Engel
(rück)

3 Er schwingt die Arme wieder zurück (Flügelschlag nach hinten) und führt sie dabei gleichzeitig etwas nach oben.

4 hüten still das Gotteskind.

4 Jetzt führt der Erzieher die Hände herunter und hält sie «segnend» über die Krippe. In dieser Haltung bleibt er ein Weilchen.

5 *(stumm)*

5 Jetzt geht der Erzieher stumm in den Kniesitz herunter oder setzt sich auf einen Hocker.

Er bereitet die Gebärde für «Seid stille» vor. Dafür wendet er die Hände mit der Handinnenfläche zum Betrachter, hält sie mit lockeren Fingern nah beieinander auf Brusthöhe. Es geht darum, für das anwesend «Heilige» einen umhüllenden Raum zu bilden. Dann stimmt der Erzieher den Ton a’ an und beginnt zu singen.

6

6 Mit beiden Händen macht der Erzieher bei «seid stille» die bei 5 vorbereitete Gebärde leicht nach links gewendet, und bei »seid still« nach rechts. Der Zuschauer kann in den schützenden Innenraum der Hände hineinsehen.

7 weil’s Kindlein schlafen will.

7 Jetzt legt der Erzieher seinen Kopf mit dem linken Ohr auf die flach zusammengelegten Hände, dabei schließt er die Augen und wiegt leicht hin und her.

8 Maria singt es in den Schlaf,

8 Der Erzieher macht die Symbolgeste «Maria» zunächst mit aufgerichtetem Oberkörper, dann führt er während des Singens der Liedstrophe eine ehrfurchtsvolle Verneigung zur Krippe hin aus.

9 Oooochs und Eeeesel und die Schaf
∨ ∨

9 Beim Nennen der Tiernamen führt der Erzieher die gleichen Gesten aus, wie sie auf Seite 46 und 47 unter 1, 2 und 3 beschrieben sind. Die Worte «Oooochs» und «Eeeesel» gedehnt singen. Jeweils bei ∨ einmal mit dem Kopf nicken.

10 alle bei der Krippe sind.

10 Der Erzieher führt beide Hände mit den Innenflächen nach oben, nach vorne und deutet auf die Krippe, im Oberkörper geht er dabei leicht mit.

11 Und Engel, Engel, –
(rück) (vor) (rück)

11 In der kurzen Pause, vor dem Wort «und», erhebt der Erzieher die Arme in die Engelgeste und bewegt dann mit dem Singen im Rhythmus die «Flügel»: leicht und luftig rück-vor-rück.

12 Engel hüten das Kind.	12 Dann senkt er die «Flügel» langsam ab in die behütende Gebärde, siehe Abbildung Seite 51, 4 und hält sie segnend über die Krippe.
13 Seid stille, seid still, weil's Kindlein schlafen will.	13 Siehe Seite 52, 6 (Liedbeginn)
14 Joseph wiegt es in den Schlaf. *(vor) (rück) (vor) (rück)*	14 Mit beiden Händen wiegt der Erzieher die Krippe, wie Seite 45, 4. Sein Handwurzelballen schiebt die «Wiege» sachte an und lässt sie wieder zurückfedern.
15 Ochs und Esel etc.	15 Vorbereitung und Ausführung der Gesten siehe 1. Strophe 9, 10, 11 und 12.
16 Seid stille, seid still etc.	16 Ausführung wie am Liedbeginn 6 + 7.
17 Still – still – still.	17 Das erste und das zweite «still» führt der Erzieher aus wie am Liedbeginn 6, für das dritte «still» führt er die Hände im Bogen über außen zum Mund und legt die Fingerkuppen auf die Lippen. Dem letzten Ton lauscht er nach und hält die Geste eine Weile. – Für den gesamten Ablauf ist zu beachten, dass die Singpausen eingehalten werden. Die Gebärden jedoch müssen fließend ineinander übergehen.
18 *(stumm)* Es schlummert ein – das Kindelein.	18 Nachdem der letzte Ton verklungen ist, beugt sich der Erzieher leicht zum Jesuskind und schaut es einen Moment stumm an. Dann beginnt er zu sprechen: «Es schlummert …»
19 Und im Schlafe lächelt's so, lächelt's so,	19 Dann führt er seine Hände mit den Innenflächen nach oben zur Krippe hin und schwingt sie parallel hin und her. Das geschieht sehr behutsam, mit dem Empfinden, als ob man das Kindlein streicheln möchte.
20 dass das Herz wird warm und froh, warm und froh.	20 Bewegungen wie Seite 46, 8.

21 Die Maria und der Joseph sagen
«Danke schön!

21 Bewegungen wie Seite 46, 5.

22 Ihr lichten Engel, für das Hüten:
Danke schön!»

22 Der Erzieher macht die Symbolgeste für den Engel, siehe Seite 36, 9, und führt anschließend die Hände in die behütende Geste herunter wie Seite 51, 4. Für das «Danke schön» breitet er die Hände zur Seite aus, siehe Abbildung.

6. Die Hirten gehen

Text:

1 Die Hirten haben heut'

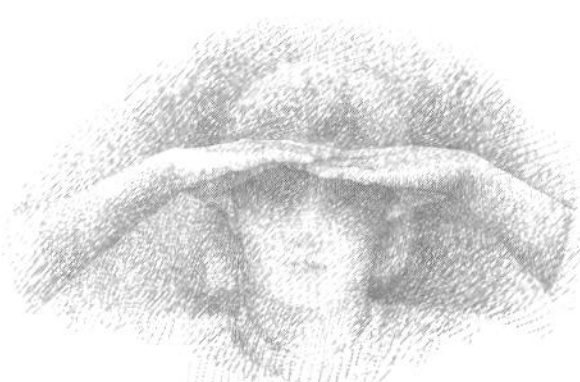

Bewegungen:

1 Der Erzieher bleibt noch im Kniesitz und legt beide Hände an die Stirn. Symbolgeste: wachsame Hirten.

2 im Stalle

2 Für das Wort «Stall» deutet er wieder das Dach an (siehe auch Seite 39, 24).

3 das holde Gotteskind geseh'n.

3 Jetzt löst er die Dachgeste auf, indem er die Arme im Bogen über oben nach vorne zur Krippe herunterführt (er bezieht den Himmel mit ein), und deutet auf die Krippe mit nach oben gewendeten Handinnenflächen.

4 Mit ihren Schafen
˅ ˅

4 Der Erzieher legt die Hände als Vorderpfötchen oberhalb der Brust an, dabei nickt er mit dem leicht hängenden Kopf je einmal bei den zwei Silben von «Scha-fen».

5 woll'n sie alle

5 Jetzt steht der Erzieher freudig auf; er richtet das Sprechen so ein, dass er das Wort «alle» im Stehen spricht. Er wendet sich den Kindern zu und spricht dann:

5 zurück aufs Feld jetzt wieder geh'n.
←→ ∨

5 Für das «Feld» deutet er mit den Händen etwa auf Magenhöhe (Innenflächen nach unten gewendet) eine weite Fläche an. Bei dem Wort: «gehen» nickt er einmal bestätigend.

6 *(stumme Bewegung)*

6 Ohne zu sprechen führt der Erzieher die Hände zurück und legt sie auf das Herz; in dieser Haltung verneigt er sich stumm vor dem Jesuskind in der Krippe. Dann richtet er sich in Ruhe wieder auf.

7 Sie geh'n im Herzen froh.

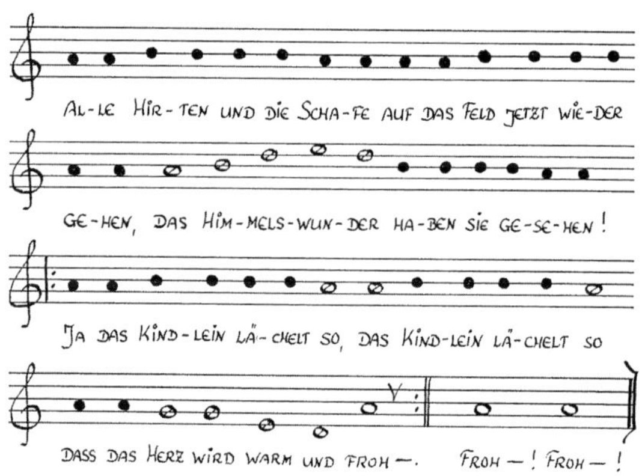

7 Jetzt dreht sich der Erzieher mit der rechten Schulter zur Kreismitte, Arme und Hände lässt er locker hängen. Im Uhrzeigersinn (mitsonnen) geht er im Kreis herum. Er stimmt den Ton a' an und beginnt zu singen.

8 «Alle Hirten und die Schafe auf das Feld ...»

8 Alle bewegen sich singend auf einer Kreisbahn. Die Kinder müssen nicht exakt hintereinandergehen. Der Erzieher geht frei schreitend und strebt keine Übereinstimmung von Bewegungs- und Singbetonung an. Wenn man etwas länger umhergehen möchte, kann man das Lied oder einen Teil davon wiederholen.

[Hier kann das Ergänzungsspiel 1: «Den Berg hinan, den Berg hinab», Seite 59, und/oder 6: «Der große Abschluss», Seite 78, eingefügt werden. Entscheidet man sich für den großen Abschluss, beendet man mit ihm das Spiel.]

7. Auf dem Felde angekommen

Text:

1 Auf dem Felde angekommen

2 halten alle Ruh'!

3 Singen
Alle Hirten halten Ruh'
und die Schafe auch dazu.
Su-su-suu! Su-su-suu! Su-su-suu!

4

Auch im Stalle schlafen alle.

5 Sprechen
Nur die Engel halten Wacht

Bewegungen:

1 Der Erzieher kommt langsam zum Stehen und wartet, bis auch das letzte Kind steht.

2 Nach dem Wort «Ruh'» lässt sich der Erzieher langsam in den Kniesitz auf den Boden herunter. (Je nach Situation auf den Hocker oder den Stuhl setzen.)

3 Wenn alle im Kniesitz angekommen sind (oder auf dem Hocker sitzen), neigt der Erzieher den Kopf und legt das Gesicht in die Hände. Der Erzieher beginnt zu singen: «Alle Hirten ...». In der Schwingung des Liedes wiegt er leicht vor und zurück. Alles geschieht sehr ruhig und behutsam.

4 Bei dem Wort «Stalle» deutet der Erzieher die Geste für das Dach an (siehe bei 1. Verkündigung, 24), er behält die Geste bei und legt bei «alle» die Stirn leicht gegen die Hände, seinen Oberkörper leicht nach vorn neigend. Er hält die Geste eine Weile, bevor er sie auflöst.

5 Der Erzieher erhebt sich in den Kniestand, dabei nimmt er die Arme in die Flügelhaltung hoch (auf dem Hocker sitzend nur den Oberkörper aufrichten).

6 in der hohen, heiligen Nacht,
(rück) (vor) (rück)

6 Er schwingt die «Flügel» exakt wie links unter den Worten angegeben leicht nach hinten, nach vorn und wieder nach hinten. Die Bewegung ist hauchzart.

7 in der Weihenacht.

7 Jetzt bewegt der Erzieher seine Arme nach vorn herunter in der Geste des Segnens. Er hält sie eine Weile stumm, dann löst er die Geste sehr langsam auf.

C Es ist aus

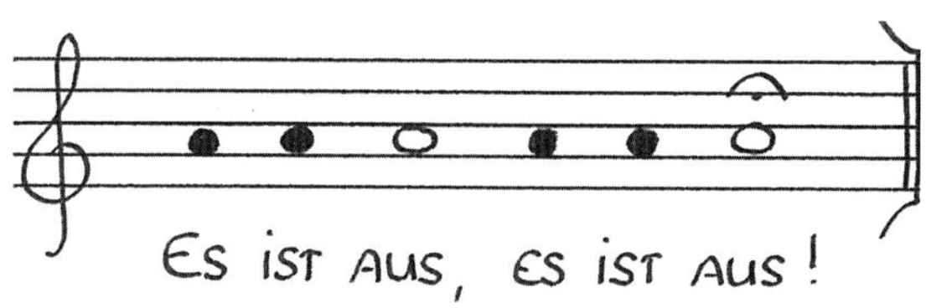

Vor dem Singen schlägt der Erzieher die Zimbeln zart an, die Arme führt er langsam waagerecht nach rechts und links auseinander und wieder zusammen. In den verklingenden Klang hinein singt er: «Es ist aus!» Diesen Ablauf wiederholen.

D Nüssli

Text:
Und zum Schluss gibt's noch ein Nüssli,
von dem Christuskind ein Grüßli.
Mäulchen auf! Ich steck's hinein.
Kauen – kauen! Mmm – schmeckt fein!

Bewegung:
Der Erzieher holt die bereitgestellte Schale mit Haselnüssen oder getrocknetem Obst. Er geht von Kind zu Kind und steckt jedem ein «Süßli» in den Mund. Dabei spricht er so lange den Text, bis alle ein Leckerli haben.

Hinweis:
Es hat sich als günstig herausgestellt, dass man den Kindern nach dem Spiel eine Kleinigkeit zum Kauen in den Mund steckt, zum Beispiel getrocknete Pflaumen (ohne Stein), Apfelschnitze, einige Rosinen oder eine Haselnuss. Es breitet sich dadurch in den Kindern ein physisches Behagen aus, in dem das Spielgeschehen bis in den Stoffwechsel hinein nachschwingen kann. Man lasse den Kindern viel Zeit dazu. Danach löst sich das Spielgeschehen mit dem «Ausklang-Ruf» auf und geht mit dem Aufräumen und eventuell dem Ausziehen des festlichen Gewandes wieder in das Alltagsgeschehen über.

Ausklang-Ruf

Ergänzungsspiele

Zur Erweiterung und Ergänzung und des «Kurzspiels» gibt es noch sieben Ergänzungsspiele. Durch die Hinzufügung einzelner Ergänzungsspiele entsteht das «Große Hirtenspiel». Werden alle Ergänzungsspiele einbezogen, entsteht das «Gesamtspiel».

Man kann das Hirtenspiel mit den Ergänzungsspielen sehr flexibel gestalten. Oberstes Gesetz bei der Auswahl sind die Anpassung an die Gegebenheiten des Raumes und die Gruppenzusammensetzung sowie die Berücksichtigung der Fähigkeiten des Erziehers.

1. Den Berg hinan, den Berg hinab
2. Das Ruhe-Dideldu
3. Ertönen der Silberzimbeln
4. Erklingen der Schellenstäbe
5. Poch-poch-Hölzchen
6. Ruf der Tiere
7. Der große Abschluss: Heimweg der Hirten

Dieses Ergänzungsspiel kann eingefügt werden nach: «Kommen auch noch Schafe mit» (siehe im Kurzspiel Seite 41, 4) und / oder im Ausklang nach dem Lied «Alle Hirten und die Schafe» (siehe im Kurzspiel Seite 56, 7).

1. Den Berg hinan, den Berg hinab!

Führt der Weg den Berg hinan,
geh'n die Schafe Schritt für Schritt,
Schritt – Schritt – Schritt – Schritt
und das Köpfchen nicket mit.
Schritt – Schritt – Schritt.

Auch die Hirten geh'n im Schritt,
Schritt – Schritt – mit festem Tritt.
Schritt – Schritt – Schritt.

Führt der Weg den Berg hinab,
Schäfchen laufen: trab – trab – trab.
Trappe – trappe – trappe – trappe,
trappe – trappe – trab – trab – trab.

Auch die Hirten laufen alle,
laufen – laufen – leicht und schnelle,
kommen hurtig von der Stelle.

Hinweis:
Es ist wichtig, dass genug Raum zur Verfügung steht und die Kinder sich ungehindert bewegen können, ohne sich anzustoßen. Alle, Kinder und Erzieher, bewegen sich frei im Uhrzeigersinn auf der Kreisbahn, jedoch nicht exakt auf der Kreislinie. Die Schritte und die Sprachpulsation müssen nicht übereinstimmen; ein Zusammengehen wird sich zwar immer wieder einstellen, muss aber nicht durchgehend so sein. Es darf auf keinen Fall gefordert werden.

Text:

1 Führt der Weg den Berg hinan,

2 geh'n die Schafe Schritt für Schritt,
Schritt – Schritt – Schritt – Schritt

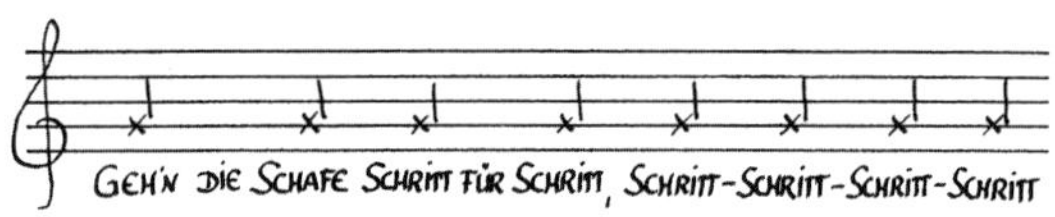

3 und das Köpfchen nicket mit.
V V V V
Schritt – Schritt – Schritt.

4 Auch die Hirten geh'n im Schritt,
Schritt – Schritt – mit festem Tritt.
Schritt – Schritt – Schritt.

5 Führt der Weg den Berg hinab,

Bewegungen:

1 Der Erzieher macht mit einer Hand einen Bogen von unten nach schräg oben; damit deutet er den Berg an, den es jetzt hinaufgeht.

2 Er legt seine Hände als Vorderpfötchen an die Brust und neigt seinen Kopf ein wenig nach vorn. Bei «Schritt» setzt der Erzieher seinen rechten Fuß mit den Zehen zuerst auf, er hebt für den Schäfchengang die Knie mit jedem Schritt etwas mehr an als normal. Bei allen Schritten zuerst die Zehen aufsetzen. Das Gehtempo ist etwas langsamer als normal, denn es geht den Berg hinan.

3 Jeweils bei «V» nickt der Erzieher während des Gehens leicht mit dem Kopf. (Für die Schritte siehe links das Rhythmusschema.)

4 Jetzt macht er einige Schritte ohne die Schäfchenhaltung, dann spricht er den Text: «Auch die Hirten ...». Er setzt jetzt die Füße kräftig mit der Ferse auf und geht mit kraftvollem Gang «den Berg hinauf». Siehe links das Rhythmusschema. Die Kinder müssen nicht im Sprachrhythmus gehen!

5 Dieses Mal zeigt der Erzieher mit der Hand einen Bogen von oben nach schräg unten.

6 Schäfchen laufen: trab – trab – trab.
Trappe – trappe – trappe – trappe,

trappe – trappe – trab – trab – trab.

6 In der Schäfchenhaltung bewegt sich der Erzieher mit leichtem, lockerem Laufschritt, die Knie jeweils etwas angehoben. Auf jedes «trap-pe» macht er zwei Schritte (siehe Rhythmusschema).

7 Auch die Hirten laufen alle,

7 Jetzt macht der Erzieher ohne die Schäfchenhaltung einige leichte Laufschritte, dann spricht er den Text: «Auch die Hirten laufen alle …»

8 laufen – laufen – leicht und schnelle,
kommen hurtig von der Stelle.

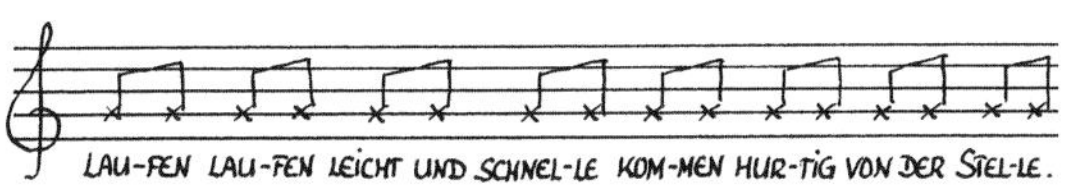

8 Der Erzieher bewegt sich im Laufschritt, er läuft als Hirte mit kraftvollem Schritt, nicht zu schnell, im angegebenen Sprachrhythmus.
Bei Bedarf können Zeilen wiederholt werden.

[Ab hier im Kurzspiel weiter bei «Eilen alle – eilen alle», Seite 41, 5. Oder nach dem Lied: «Alle Hirten halten Ruh'», Seite 57, Kapitel 7, 1]

Hinweis:
Wenn die Ergänzungsspiele 3, 4 und 5 nicht gespielt werden, ist zu empfehlen, das Ergänzungsspiel 1 am Anfang und am Ende hinzuzufügen.

Die Gegenüberstellung von ruhiger Schritt- und lebhafter Laufbewegung entspricht in vereinfachter Form der Gegenüberstellung von lang tönendem und kurz klingendem Zimbel- und Schellenklang. Dadurch kann diese musikalische Komponente trotzdem in das Spiel mit eingebracht werden. Man kann das Ergänzungsspiel 1 auch nur am Anfang einfügen; andererseits ist zu bedenken, dass dieses Ergänzungsspiel bei Kindern im vorschulischen Alter oder bei unruhigen Kindern eine positive «Ventilfunktion» haben kann.

2. Das Ruhe-Dideldu (für die pentatonische Choroi-Flöte)

Dieses Ergänzungsspiel kann nach oder statt des «Es-ist-genug-Liedes» auf Seite 50 eingefügt werden. Das «Ruhe-Dideldu» ist eine gute Vorbereitung für «Engel hüten das Kind».

Einer von den guten Hirten,
der hat auch daran gedacht
und zum Tönen für das Kind
seine Hirtenflöte mitgebracht.
Er bläst darauf das «Ruhe-Dideldu».
Wir hören alle zu.

Die Maria und der Joseph sagen:
«Danke schön!
Für das Flöten: Danke schön!»
Und das Kindlein lächelt so, lächelt so,
dass das Herz wird warm und froh,
warm und froh.

Text:	Bewegung:
1 Einer von den guten Hirten, ∨ der hat auch daran gedacht ∨	1 Der Erzieher wendet sich erzählend den Kindern zu. Bei den Worten «einer» und «auch» nickt er bestätigend.
2 (*stumm*)	2 Jetzt nimmt der Erzieher die Flöte wortlos aus der Hülle oder dem Tuch.
3 und zum Tönen für das Kind	3 Dann deutet er bei den Worten «zum Tönen für das Kind» mit der Flöte langsam und behutsam auf das «Kind».
4 seine Hirtenflöte mitgebracht.	4 Bei «seine Hirtenflöte mitgebracht» hebt der Erzieher die Flöte hoch und zeigt sie allen.
5 Er bläst darauf das «Ruhe-Dideldu».	5 Er führt die Flöte zum Blasen an den Mund.

6 Wir hören alle zu.
(Ruhe-Dideldu wird geblasen)

6 Der Erzieher spricht mit leiser Stimme und nimmt die freie Hand hinter das Ohr bei «Wir hören alle zu», damit die Kinder ins Horchen geführt werden. Das ist an dieser Stelle des Spiels sehr erstrebenswert. Dann spielt der Erzieher auf der Flöte das Lied.
Nach dem Lied legt der Erzieher die Flöte neben sich und zeigt die Symbolgeste für die Maria (dazu im Text ab 7 fortfahren, siehe links).

7 Die Maria und der Joseph sagen:
«Danke schön!

7 Die Gesten ausführen wie im Kurzspiel Seite 46, 7.

8 Für das Flöten: Danke schön!»
Und das Kindlein lächelt so, lächelt so,
dass das Herz wird warm und froh,
warm und froh.

8 Der Erzieher spielt kurz auf einer imaginären Flöte. Ab dem «Danke schön!» fortfahren wie im Kurzspiel Seite 46, 8.

[Weiter im Kurzspiel Kapitel 5, 1, Seite 51, oder ein weiteres Ergänzungsspiel, zum Beispiel «Ertönen der Silberzimbeln», anschließen.]

Hinweis zum Flötenspiel:
Es ist wichtig, ja unerlässlich, wenn die gewünschte Ruhesituation eintreten soll, dass die Töne ganz auf dem Atemstrom dahingleiten können. Kein Einmischen der Zungenspitze darf stattfinden, das bei der Blockflöte übliche «düt-düt» beim Tonansatz fällt weg, man haucht an und bläst dann behutsam über die Länge eines Atembogens. Durch diese Blasart ist auch das Überbinden von Note zu Note mühelos möglich.
Die ganze Melodie hat den Charakter des Ausatmens und führt dadurch zur Ruhe. Gegen Schluss spielt man etwas langsamer.

3. «Ertönen der Silberzimbeln»

Dieses Ergänzungsspiel kann nach dem «Es-ist-genug-Lied» im Kurzspiel Seite 50 oder nach dem «Ruhe-Dideldu» eingefügt werden. Es wird im Kniesitz oder auf dem Hocker sitzend durchgeführt.

Einer von den guten Hirten,
der hat auch daran gedacht
und zum Ertönen für das Kind
seine Silberzimbeln mitgebracht.
Damit spielt er zart und leise
für das Christkind eine Weise:

Silberzimbel, singe «*Tinnnnnng!*»
Silberzimbel, klinge «*Tinnnnnng!*»
Ton der Zimbel, lass dir Zeit,
töne hoch «*Tinnnnnng!*»
und töne weit «*Tinnnnnng!*»
Schwinge in den Raum hinein «*Tinnnnnng!*»
Schwebe hin zum Kindelein «*Tinnnnnng!*»
Ausgeschwungen –
ausgeklungen.
Der Hirte packt die Silberzimbeln wieder ein.
In das Täschchen steckt er sie hinein.

«Tinnnnnng» steht für den von der Zimbel erzeugten Klang, es wird nicht gesprochen!

Die Maria und der Joseph sagen:
«Danke schön!
Für das ‹Tinnnnnng!›: Danke schön!»

Und das Kindlein lächelt so, lächelt so,
dass das Herz wird warm und froh,
warm und froh.

Text:	Bewegungen:
1 Einer von den guten Hirten, der hat auch daran gedacht	1 Der Erzieher wendet sich mit dem Text «einer von den guten Hirten» den Kindern zu. Dann hält er das Täschchen oder das Tuch mit den Zimbeln hoch und zeigt es allen Kindern, danach legt er es stumm auf die Oberschenkel und klappt es auf.
2 und zum Ertönen	2 Er nimmt bei dem Wort «Ertönen» mit dem Daumen und dem Zeigefinger seiner linken Hand eine Zimbel heraus und hält sie am Gummiband fest.

3 für das Kind

3 Bei dem Wort «Kind» nimmt er in gleicher Weise mit der rechten Hand die andere Zimbel heraus, ebenfalls am Gummiband haltend.

4 sei – ne Silberzimbeln mitgebracht.

4 Bei der Silbe «sei-…» legt er die Zimbel, die er rechts hält, in die Innenfläche der linken Hand (dabei zeigt das Gummi nach oben), sodass einen Moment lang beide Zimbeln in der linken Hand sind. Auf die Silbe «…-ne» wird die Zimbel, die vom linken Daumen und Zeigefinger gehalten wird, in die Innenfläche der rechten Hand gelegt. Das Wort «sei-ne» wird also gedehnt gesprochen (beide Silben gleich betont), sodass die Tätigkeit mit dem Wortklang rhythmisch geschieht.
Während des Satzteiles «Silberzimbeln mitgebracht» führt der Erzieher seine Hände, die er mit der Kleinfingerseite dicht beieinander hält, von links nach rechts im Kreis herum, sodass alle Kinder in die Hände hineingucken und die Zimbeln sehen können.

5 Damit

5 Bei dem Wort «damit» legt der Erzieher beide Zimbeln auf seine Oberschenkel.

6 spielt er

6 Jetzt hebt er beide Hände ohne Zimbeln leicht hoch, den Anschlag der Zimbeln imaginär ausführend.

7 zart und leise

7 Mit dem Wort «zart» nimmt der Erzieher mit der rechten Hand die Zimbel am Gummiband vom rechten Oberschenkel auf, bei «leise» führt er den gleichen Vorgang links aus.

8 für das Christkind eine Weise.

8 Der Erzieher hält nun beide Zimbeln dicht beieinander vor sich und schwingt sie gleichzeitig in einem kleinen Bogen über unten bei «für das Christkind» zur Krippe hin, ohne dass die Zimbeln klingen. Er schwingt den gleichen kleinen Bogen über unten wieder zurück bei «eine Weise».

Diese vorangestellte «Zeremonie» ist ein wichtiger Vorgang! Man hilft dem Kind damit, dass es den Übergang vom bewegten rhythmisch-musikalischen Tanzen und Singen zum Zuhören in äußerlicher Zurückhaltung ohne Überforderung vollziehen kann. Im ersten Jahrsiebt lebt das Kind dominant im Motorisch-Musikalischen. Die Fähigkeit des Zuhörens, des Lauschens, das dem Sensorisch-Musikalischen zugehörig ist, muss mit großer Behutsamkeit schrittweise erübt werden. Es bedarf immer der Einstimmung und darf im Verhältnis zum bewegten Rhythmisch-Musikalischen nur einen geringen Teil ausmachen, wenn es als direktes Angebot an das Kind herangetragen wird.
Außerdem erfährt das Kind durch diese Handlung und ihre Wiederholung ohne besondere Erklärung, dass ein «Instrument» (es gilt für alle) nicht ungeschützt herumliegen darf, da Licht, Luft, Wärme, Kälte ihm Schaden zufügen können.
Es gilt zudem für das rhythmisch-musikalische Spielgeschehen, das gestaltet ist, dass auch das Auspacken und Austeilen der musikalischen Handspielgeräte in einer dem üblichen Alltagsumgang überhöhten Form geschehen sollte.
So erübrigt sich auch die Wiederholung dieses Vorgangs nie, wie es nach längerer Zeit im Alltagsleben geschieht, weil diese im gestalteten Spielgeschehen als Ritual zu verstehen ist, das für das «rhythmische System» des Kindes aufbauende Wirkung hat.

Nachdem die Zimbeln ausgepackt sind:

Text:

9 Silberzimbel, singe «⊖»* [1]↑↑ [2]↓↓

10 Silberzimbel, klinge «⊖» ←→ →←

11 Silberzimbel, lass dir Zeit
töne hoch «⊖» ↑↑

und töne weit «⊖» ←→ →←

Bewegungen:

9 Der Erzieher hält die Zimbeln nebeneinander und spricht sie sehr melodisch, fast singend an. Bei: «⊖» die rechte Zimbel von oben behutsam auf die linke Zimbel schlagen. Dann führt er die klingenden Zimbeln senkrecht nach oben (1) und wieder herunter (2), dabei lauscht er konzentriert dem Klang. Erst wenn der Zimbelklang restlos verklungen ist, fährt er fort:

10 «Silberzimbel klinge» – dann schlägt er die Zimbeln an und führt sie dem Klang lauschend waagrecht nach links und rechts auseinander und wieder zusammen.

11 Der Erzieher führt nach dem Anschlag die Zimbeln wieder senkrecht nach oben und folgt ihnen mit dem Blick. Nach dem Verklingen holt er die Zimbeln sachte auf Brusthöhe zurück, dort spricht er sie an: «und töne weit». Danach schlägt er die Zimbeln an und wiederholt exakt

* «⊖» steht für Zimbelanschlag

die Bewegung von 10. Erst wenn nichts mehr zu hören ist, weitersprechen.

12 Schwinge in den Raum hinein

12 Der Erzieher spricht die Zimbeln an, und bei dem Wort «Raum», das er gedehnt spricht, macht er mit beiden Zimbeln vor sich einen kleinen Kreis in der Waagerechten.

13 «⊜»

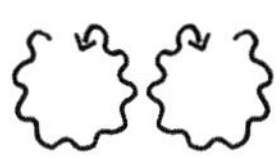

13 Nach dem Anschlagen bewegt der Erzieher beide Zimbeln in der Waagerechten auf einer großen Kreislinie (in zwei Hälften), nach vorn etwas betont, dabei schwingt er die Zimbeln auf und ab. Es erklingt dann ein in sich pulsierender Ton.

14 Schwebe hin zum Kindelein

(stumme Bewegung) «⊜»

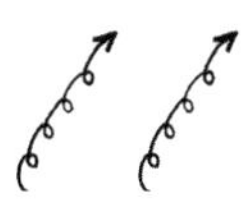

14 Jetzt schwingt der Erzieher die Zimbeln in einem kleinen flachen Bogen (wie Seite 65, 8) zur Krippe hin und wieder zurück.
Nach dem Anschlag erhebt sich der Erzieher in den Kniestand und bewegt sich mit dem Oberkörper zur Krippe hin, dabei beugt er sich so weit wie möglich nach vorn, als ob er die Zimbeln dem Kind so nahe wie möglich bringen möchte. Gleichzeitig vollzieht er mit den Zimbeln spiralig vier kleine Kreise in Richtung zum Kind, dann hält er die Zimbeln vorne bei der Krippe, bis sie ausgeklungen sind. Er nimmt die Zimbeln zurück und setzt sich wieder in den aufrechten Kniesitz.

15 Ausgeschwungen – ausgeklungen.

15 Jetzt hält der Erzieher jede Zimbel an ein Ohr und horcht.

16 Der Hirte packt die Silberzimbeln
wieder ein.
In das Täschchen steckt er sie hinein.

16 Er nimmt das Täschchen oder Tuch, klappt es auf und bei «steckt» schiebt er die erste Zimbel hinein, und bei «hinein» verstaut er die zweite darin. Die Zimbeln sollen sich nicht berühren. (Falls ein Tuch benutzt wird, heißt der Text: «Er legt sie in sein Tuch hinein.»)

17 (*Stumm zuklappen und weglegen.)*

17 Der Erzieher legt das Tuch zusammen (bzw. klappt das Täschchen zu) und legt es weg.

18 Die Maria und der Joseph sagen:
«Danke schön!

18 Siehe im Kurzspiel Seite 46, 7.

19 Für das «Tinnnnng!»: Danke schön!»

19 Bei «Tinnnnng!», das der Erzieher hier erstmals hell und zart singt, schlägt er imaginäre Zimbeln an und führt diese senkrecht nach oben und wieder herunter.

20 Und das Kindlein lächelt so, lächelt so,
dass das Herz wird warm und froh,
warm und froh.

20 Siehe im Kurzspiel Seite 46, 8.

[Weiter im Kurzspiel Kapitel 5, Seite 51, 1 oder mit einem weiteren Ergänzungsspiel, z.B. «Erklingen der Schellenstäbe» oder «Poch-Poch-Hölzchen».]

Hinweis:
Die Bewegung der Zimbeln findet in den Raumesrichtungen statt, in die sich das Kind mit seinem Leib nach seiner Geburt hineinordnen muss: oben – unten, links – rechts, rundherum, vorne – hinten.

4. «Erklingen der Schellenstäbe»*

Dieses Ergänzungsspiel kann nach dem «Es-ist-genug-Lied» eingefügt werden oder nach dem Ergänzungsspiel 3 «Ertönen der Silberzimbeln». Je nachdem, welches Spiel vorausging, ändert sich der Text: «All' die lieben, guten Hirten» oder «All' die andern guten Hirten». Das Spiel wird am Boden im Kniesitz oder auf dem Hocker sitzend durchgeführt.

All' die andern (lieben) guten Hirten
haben auch daran gedacht
und zum Erklingen für das Kind
ihre Schellenstäbe mitgebracht.

Sie spielen damit hell und fein
ein Schellenlied fürs Kindelein:
Schellenstäbchen:
Sching-sching-sching-sching.

* Bastelanleitung für den Schellenstab siehe S. 154.

Schinge-schinge-schinge-sching!
Schellenstäbchen:
Bing-bing-bing-bing.
Binge-binge-binge-bing!

Klinge hell und fein
für das Kindelein:
Sching-sching-sching-sching.
Schinge-schinge-schinge-sching!
Bing-bing-bing-bing.
Binge-binge-binge-bing!
Schinge-schinge-schinge-schinge-
schinge-schinge-schinge-sching!

Alle Schellen schweigen still,
weil das Kindlein ruhen will.
Die Maria und der Joseph sagen: «Danke schön!
Für das «Schinge-schinge»: Danke schön!»
Und das Kindlein lächelt so, lächelt so,
dass das Herz wird warm und froh,
warm und froh.

Text:	Bewegungen:
1 All' die andern (lieben) guten Hirten	1 Der Erzieher wendet sich mit dem Text «All' die andern guten Hirten» den Kindern zu,
2 haben auch daran gedacht	2 dann holt er das Körbchen mit den Schellenstäben
3 und zum Erklingen für das Kind	3 und zeigt das zugedeckte Körbchen den Kindern,
4 	4 er schüttelt es wortlos hin und her, damit man die Schellen hören kann.
5 ihre Schellenstäbe mitgebracht.	5 Er nimmt das Tuch weg und einen Schellenstab heraus, den er den Kindern zeigt, dabei nennt er den Namen des Spielgeräts und schüttelt es fröhlich.
6 Sie spielen damit hell und fein	6 Er schlägt das Schellenstäbchen in der

Sprachbetonung: leicht nach vorne, danach bei: 〰〰〰 schüttelt er es stumm.

7 ein Schellenlied fürs Kindelein.

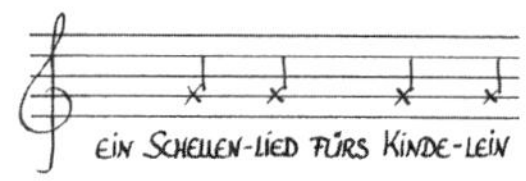

7 Er tupft weiterhin leicht auf die Sprachbetonung: mit dem Stab in Richtung Krippe.

8 Ich teile jetzt die Schellenstäbe aus,
für jeden nehm' ich eins heraus.

8 Der Erzieher schüttelt das Körbchen, dann spricht er: «Ich teile jetzt …»

9 Für den … für die … für den … etc.

9 Dabei geht er im Kreis umher und teilt die Schellenstäbe aus, oder er sagt: «Jeder nimmt sich eins heraus: der … die …»

Hinweise:
Das Austeilen der Schellenstäbe wird in künstlerisch gestalteter Form in den Spielablauf miteinbezogen, sodass das Gesamtgeschehen dadurch nicht unterbrochen wird. Bei mehr als fünfzehn Kindern ist es ratsam, ein zweites Körbchen zu haben, aus dem eine weitere Person die Schellenstäbe verteilt. Man sagt zum Beispiel: «Und die / der … ich schön bitt', hilf mir beim Verteilen mit! Du fängst dort an und ich hier, jetzt beginnen wir.» Kinder, die in die Schule kommen, übernehmen sehr gerne solche Aufgaben. Damit der soziale Friede nicht gestört wird, ist es ratsam, vor Spielbeginn auszuzählen, wer von den Schulkindern diese Aufgabe übernehmen darf. Das ist eine objektive Regelung, die die Kinder akzeptieren und ungute Stimmungen wie Trauer oder Neid vermeidet. Die jüngeren Kinder, die auch gerne eine Sonderaufgabe ausführen möchten, kann man darauf hinweisen, dass die Schulkinder zum letzten Mal dabei sind.
Beispiele für Auszählverse: «pan-pen-pu – dran bist du!» oder: «Pin-pin-pan – wer ist dran? Pan-pen-pu – dran bist du!» Wenn jedes Kind ein Stäbchen hat und die Körbe weggestellt sind, beginnt das Spiel.
Da die Kinder während des Austeilens längst mit den Schellenstäbchen gespielt haben, muss man sie vorab mit folgender Tätigkeit zur Ruhe bringen:

10 Die Hirten halten ihre Schellenstäbe an,

10 Der Erzieher hält mit seiner rechten Hand das Schellenstäbchen hoch und ruft: «Die Hirten halten ihre Schellenstäbe an», dann umfasst er mit der Linken die Schellen

11 (*stumme Bewegung*)

11 und führt wortlos das umfasste Stäbchen an sein rechtes Ohr. Er horcht, wie die Metallkügelchen in den Schellen rollen.

12 dass man ein Weilchen nichts –

12 Der Erzieher hält weiterhin den Schellenstab am Ohr und spricht leise: «dass man ein Weilchen nichts –», dann horcht er noch mal kurze Zeit.

13 gar nichts mehr hören kann.

13 Danach spricht er weiter: «gar nichts mehr hören kann». Bei «gar nichts» macht er mit dem Kopf eine verneinende Bewegung. Jetzt löst er die linke Hand von den Schellen.

14 So! Schellenstäbchen:

Sching-sching-sching-sching.

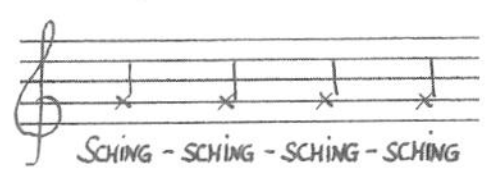

Schinge-schinge-schinge-sching!

14 Der Erzieher hält mit der rechten Hand den Schellenstab vor sich und spricht ihn an. Dann bewegt er ihn im angegebenen Rhythmus leicht nach vorne: immer auf der gleichen Höhe. Für die zweite Zeile bei «Schinge» schüttelt er den Schellenstab lebhaft hin und her, ohne besondere Betonung. (Beide Zeilen können nach einer kleinen Pause wiederholt werden.)

15 Schellenstäbchen:

Bing-bing-bing-bing.

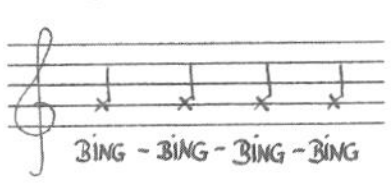

Binge-binge-binge-bing!

15 Der Erzieher hält wiederum den Schellenstab ruhig und spricht ihn an. Danach führt er den Stab etwas näher an sein rechtes Ohr und bewegt ihn mit wesentlich kleineren Bewegungen im Rhythmus nach vorne. Dazu spricht er den Text leise. Die zweite Zeile wie oben bei 5, nur kleiner und leiser ausführen. (Eventuell nach einer kleinen Pause wiederholen.)

16 Klinge hell und fein für das Kindelein:

16 Jetzt hält er den Schellenstab waagerecht vor sich und schwingt ihn mit der Sprachbetonung (wie links angegeben) hin und her. Es entstehen drei kleine Lemniskaten. (Eventuell nach einer kleinen Pause wiederholen.)

17 Sching-sching-sching-sching.
Schinge-schinge-schinge-sching!

17 Der Erzieher nimmt den Stab wieder hoch und spielt damit wie oben bei 14.

18 Bing-bing-bing-bing.
Binge-binge-binge-bing!

18 Er hält den Stab näher ans rechte Ohr und spielt damit wie oben bei 15.

19 Schinge-schinge-schinge-schinge-
schinge-schinge-schinge-sching!

19 Jetzt schüttelt er das Schellenstäbchen freudig-lebhaft ohne besondere Betonung hin und her.

20 Alle Schellen schweigen still,
weil das Kindlein ruhen will.

20 Der Erzieher umfasst mit einer deutlichen Bewegung seiner linken Hand die Schellen und führt den so umfassten Stab an sein rechtes Ohr. Er horcht so lange, bis die Metallkügelchen in den Schellen nicht mehr rollen. Dann legt er den umfassten Schellenstab wortlos an die Brust. Erst jetzt spricht er den Text: «Alle Schellen schweigen still, weil das Kindlein ruhen will.»

21 Drum sammle ich die Schellenstäbe
wieder ein,
sie kommen in den Korb hinein.

21 Der Erzieher holt den Korb (die Körbe) und sammelt (eventuell mit einem Helfer) die Schellenstäbchen ein.

22 Mit dem Tuch deck' ich das Körbchen zu,
die Schellenstäbe halten drunter Ruh'!

22 Wenn alle Stäbe im Korb sind, bedeckt er diesen mit einem farbigen Tuch; dabei spricht er den Text und stellt dann den Korb an seinen Platz.

23 Die Maria und der Joseph sagen:
«Danke schön!

23 Siehe im Kurzspiel Seite 46, 7.

24 Für das «Schinge-schinge»: Danke schön!»

24 Bei «Schinge-schinge» schüttelt der Erzieher einen imaginären Schellenstab und verbeugt sich nochmals bei «Danke schön!».

25 Und das Kindlein lächelt so, lächelt so,
dass das Herz wird warm und froh,
warm und froh.

25 Siehe im Kurzspiel Seite 46, 8.

[Weiter im Kurzspiel Kapitel 5, Seite 51, 1, oder den mit dem Ergänzungsspiel 6 «Ruf der Tiere» Seite 75 fortfahren.]

5. «Poch-Poch-Hölzchen»

Dieses Ergänzungsspiel ist besonders geeignet, wenn in der Gruppe in der Überzahl Kinder vor dem Schuleintritt oder Buben sind. Es kann nach dem «Es-ist-genug-Lied» oder nach dem Ergänzungsspiel 3 «Ertönen der Silberzimbeln» eingefügt werden, und es soll möglichst immer das Ergänzungsspiel «Ruf der Tiere» folgen, damit ein beruhigender Übergang zum Kurzspiel «Engel hüten das Kind» (S. 51) gegeben ist. Das Spiel wird am Boden oder auf dem Hocker sitzend durchgeführt.

Die Hirten haben auch daran gedacht
und für das liebe Jesuskind
ihre Hölzchen mitgebracht.

Hölzchen – Hölzchen:
poch-poch-poch-poch – –
poch-poch-poch-poch-
poch-poch-poch-poch!

Hölzchen – Hölzchen:
poch-poch-poch-poch – –
poch-poch-poch-poch-
poch-poch-poch-poch!

Nicht zu laut! – Nicht zu hart!
Für das Kindlein
leicht und zart – leicht und zart:
Poch – poch – poch –!
Poch – poch – poch –!

Die Hirten packen ihre Hölzchen wieder ein,
sie legen alle in den Korb hinein.
Die Maria und der Joseph sagen: «Danke schön!
Für das «Poch-poch-poch-poch»: Danke schön!»
Und das Kindlein lächelt so, lächelt so,
dass das Herz wird warm und froh,
warm und froh!

Handhabung der Hölzchen:
Die Hölzchen aus Weichholz oder einfach Ästchen aus dem Wald (nicht aus Hartholz) zum Anschlagen rechtzeitig vorbereiten, damit Sprechen und Bewegung zusammengehen im Einheitsakt. Für das Austeilen der Hölzchen gilt das Gleiche wie bei den «Schellenstäben», siehe dort. Jedes Kind bekommt zwei Hölzchen (ein Paar).

Text:

1 Hölzchen – Hölzchen

2 Poch-poch-poch-poch – –

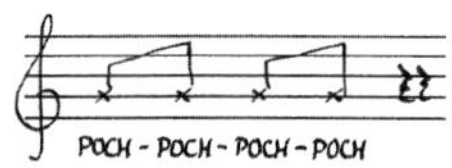

poch-poch-poch-poch-
poch-poch-poch-poch!

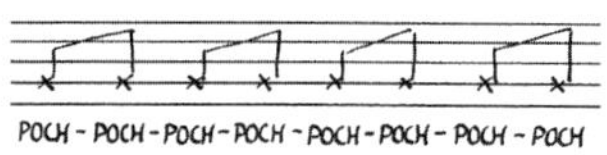

3 Hölzchen – Hölzchen

4 Poch-poch … etc.

5 Nicht zu laut!

6 Nicht zu hart!

7 Für das Kindlein

8 leicht und zart – leicht und zart:

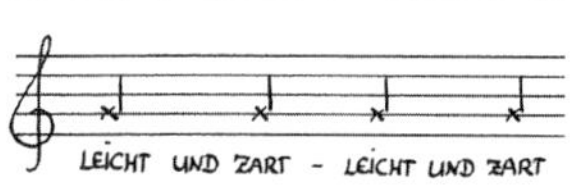

9 poch – poch – poch –
poch – poch – poch –

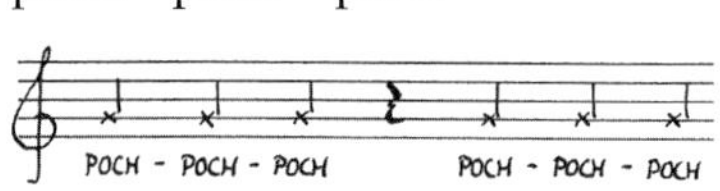

Bewegungen:

1 Der Erzieher hebt die rechte und die linke Hand mit den Hölzchen gemeinsam hoch, als ob er sie dem Jesuskind zeigen wolle, und spricht dazu: «Hölzchen – Hölzchen».

2 Er nimmt die Hölzchen herunter und schlägt sie im Sprechrhythmus leicht und federnd gegeneinander:

3 Wie bei 1, siehe oben.

4 Wie bei 2, siehe oben.

5 Der Erzieher legt die Hände mit den Hölzchen auf die Ohren.

6 Er verweilt in der Geste und schüttelt verneinend seinen Kopf.

7 Er nimmt die Hölzchen von den Ohren weg, führt sie nach vorne und deutet damit auf das Kind in der Krippe.

8 Der Erzieher «pocht» ganz zart mit dem rechten auf das linke Hölzchen in Richtung zum Kind in der Krippe. Vor jedem zarten Anschlag führt er das Hölzchen in einem kleinen Bogen nach oben.

9 Wie bei 8, siehe oben; die Bögen vor dem Anschlag aber vergrößern, dadurch wird das Tempo langsamer. Es tritt eine Beruhigung ein.

10 Die Hirten packen ihre Hölzchen
wieder ein,
sie legen alle in den Korb hinein.

10 Das Einsammeln wie bei den «Schellenstäben» ausführen, siehe Seite 70.

11 Die Maria und der Joseph sagen:
«Danke schön!

11 Siehe im Kurzspiel Seite 46, 7.

12 Für das: «Poch-poch-poch-poch»:
Danke schön!»

12 Für das «Poch-poch» schlägt der Erzieher seine gestreckten Zeigefinger als «Hölzchen» an.

13 Und das Kindlein lächelt so, lächelt so,
dass das Herz wird warm und froh,
warm und froh.

13 Siehe im Kurzspiel Seite 46,8.

[Weiter im Kurzspiel Kapitel 5, Seite 51, 1, oder mit dem Ergänzungsspiel «Ruf der Tiere» Seite 75 fortfahren.]

6. «Ruf der Tiere»

Dieses Spiel kann nach dem «Es-ist-genug-Lied» (im Kurzspiel Seite 50) oder nach dem/n Ergänzungsspiel(en) mit Instrument(en) eingefügt werden. Der Ruf der Tiere wird rhythmisch-musikalisch gestaltet. Es wird im Kniestand auf dem Boden gespielt. (Wenn das Knien zu sehr anstrengt, kann das gesamte Spiel auf dem Hocker sitzend durchgeführt werden.)

Die Tiere woll'n auch Freude bringen,
sie lassen für das Kindelein
ihren Ruf erklingen.

Der Ochse ruft:

Der Esel ruft:

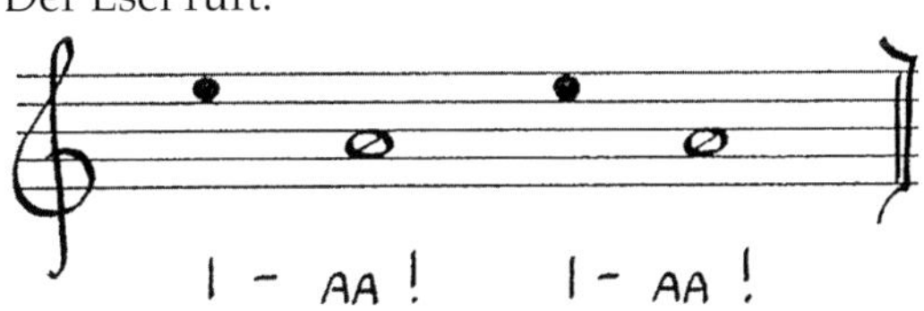

Die Schafe rufen:

Dann schweigen alle still
und schauen auf das Kind,
bei dem sie heut' im Stalle sind.
Die Maria und der Joseph sagen: «Danke schön!
Für das Rufen: Danke schön!»
Und das Kindlein lächelt so, lächelt so,
dass das Herz wird warm und froh,
warm und froh!

Text:

1 Die Tiere woll'n auch Freude bringen,
V

stumme Bewegung

Bewegungen:

1 Der Erzieher wendet sich stehend den Kindern zu. Er zeigt mit beiden Händen je eine kleine Schale, die er leicht nach unten bewegt, so, als wolle man jemandem etwas schenken, dabei nickt er bestätigend bei dem Wort «Freude». Dann begibt sich der Erzieher wortlos in den Kniestand.

2 sie lassen für das Kindelein

2 Mit beiden Händen, die Innenflächen zueinandergekehrt, deutet er auf das Kind.

3 ihren Ruf erklingen.

3 Der Erzieher führt seine Hände als Schalltrichter an den Mund.

4 Der Ochse ruft:

4 Er bildet die Gebärde für den Ochsen, dazu legt er die Fäuste mit der Daumenseite als Hörner an die Stirnhöcker.

5 Muh-muh! Muuh-muuh!

5 Er ruft in der angegebenen Tonhöhe das «Muh-muh!», dabei streckt er den Kopf etwas vor.

6 Der Esel ruft:
I-aa! I-aa!

6 Jetzt macht der Erzieher die Gebärde für den Esel: die flachen Hände, die Innenflächen

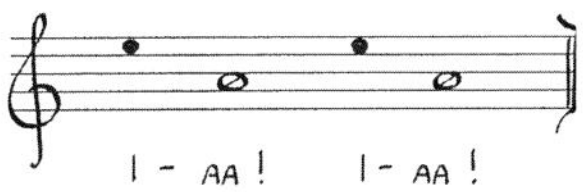

zum Betrachter gewendet, an die Stirnhöcker anlegen. Bei «I» streckt er etwas den Oberkörper. Wenn möglich, ruft er in der notierten Tonhöhe. Wer den Ton e» nicht mühelos singen kann, singe die Quint a′ – d′.

7 Die Schafe rufen:
Mö-mö-möö! Mö-mö-möö! Möö!

(stumme Bewegung)

7 Jetzt legt der Erzieher seine angewinkelten Arme auf Brusthöhe an den Körper, die Hände hängen locker in Pfötchenhaltung. Er ruft das «Mö-mö-möö!» in der angegebenen Tonhöhe! Jeweils bei «∨» nickt er leicht mit dem Kopf. Dann geht er stumm in den Kniesitz.

8 Dann schweigen alle still
und schauen auf das Kind,
bei dem sie heut' im Stalle sind.

8 Der Erzieher legt seine Hände flach auf die Oberschenkel. Bei «und schauen auf das Kind» neigt er den Oberkörper leicht zum Kind und streckt zusätzlich den Kopf etwas nach vorn. In dieser Haltung verweilt er kurze Zeit, danach setzt sich der Erzieher wieder aufrecht hin. Bei dem Wort «Stalle» macht er mit den Armen und Händen das Stalldach, siehe Kurzspiel Seite 37, 16.

9 Die Maria und der Joseph sagen:
«Danke schön!

9 Siehe im Kurzspiel Seite 46, 7.

10 Für das Rufen: Danke schön!»

10 Der Erzieher führt die Hände als Schalltrichter an den Mund.

11 Und das Kindlein lächelt so, lächelt so,
dass das Herz wird warm und froh, warm und froh.

11 Siehe im Kurzspiel Seite 46, 8.

[Weiter im Kurzspiel Kapitel 5, Seite 51, 1.]

7. Der große Abschluss: Heimweg der Hirten

Die Hirten alle heimwärts gehen,
das Himmelswunder haben sie gesehen.
Und im Trippel-Trippelschritt
kommen auch die Schafe mit.
Und im Trippel-Trippelschritt
kommen auch die Schafe mit.
Auf dem Felde angekommen wieder
setzen sie sich alle nieder.
Der Hirte streicht seinem lieben Gesell
behutsam über das weiche Fell.
Dann machen sie die Augen zu
und halten miteinander Ruh'.
Im Schlafe träumen alle
von dem Christuskind im Stalle.

Ausklang

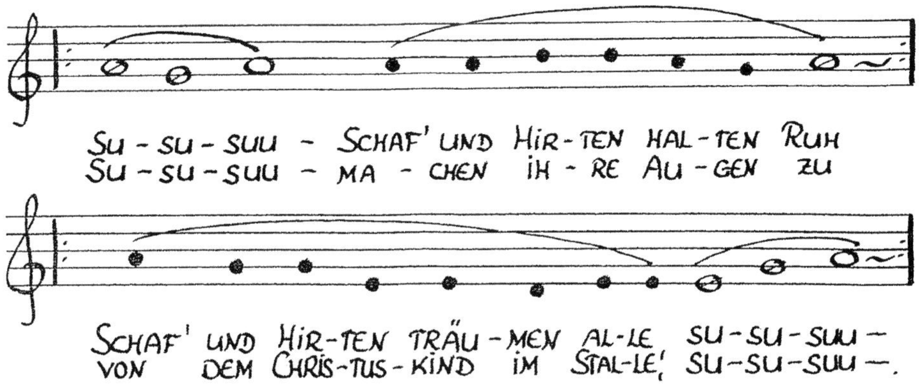

Auch im Stalle – schlafen alle.
Nur die Engel halten Wacht
in der hohen, heiligen Nacht,
in der Weihenacht.

Es ist aus

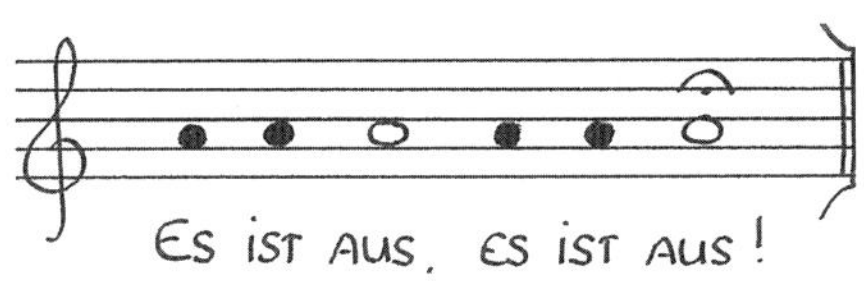

Nüssli

Text:
Und zum Schluss gibt's noch ein Nüssli,
von dem Christuskind ein Grüßli.
Mäulchen auf! Ich steck's hinein.
Kauen – kauen! Mmm – schmeckt fein!

Bewegung:
Der Erzieher holt die bereitgestellte Schale mit Haselnüssen oder getrocknetem Obst. Er geht von Kind zu Kind und steckt jedem ein «Süßli» in den Mund. Dabei spricht er so lange den Text, bis alle ein Leckerli haben.

Ausklang-Ruf

Heimweg der Hirten

Text:

Bewegungen:

1 Die Hirten alle heimwärts gehen,
das Himmelswunder haben sie gesehen.

1 Der Erzieher geht zunächst wie beim Lied «Alle Hirten und die Schafe ...» in Kreisrichtung weiter, die rechte Schulter zur Kreismitte gewendet. Dann zieht er aus dem Spielkreis heraus auf das «Feld», von dem er zu Beginn in den Spielkreis gezogen ist. Das Gehen ist frei, eine Übereinstimmung der Sprachbetonung mit dem Schritt ist nicht gefordert.

2 Und im Trippel-Trippelschritt
kommen auch die Schafe mit.
Und im Trippel-Trippelschritt
kommen auch die Schafe mit.

2 In der Schäfchenhaltung trippelt der Erzieher mit leichten, kleinen, federnden Schritten «auf das Feld». Er zieht nach jedem Schritt die Knie etwas hoch. Auch hier nicht im Takt gehen.

Ergänzungsspiel 1 «Den Berg hinan, den Berg hinab» kann hier eingefügt werden, siehe Seite 60.]

3 Auf dem Felde angekommen wieder
setzen sie sich alle nieder.

3 Der Erzieher kommt langsam zum Stehen. Er wartet, bis alle Kinder stehen, dann lässt er sich langsam in den Kniesitz herunter (oder auf einen Hocker).

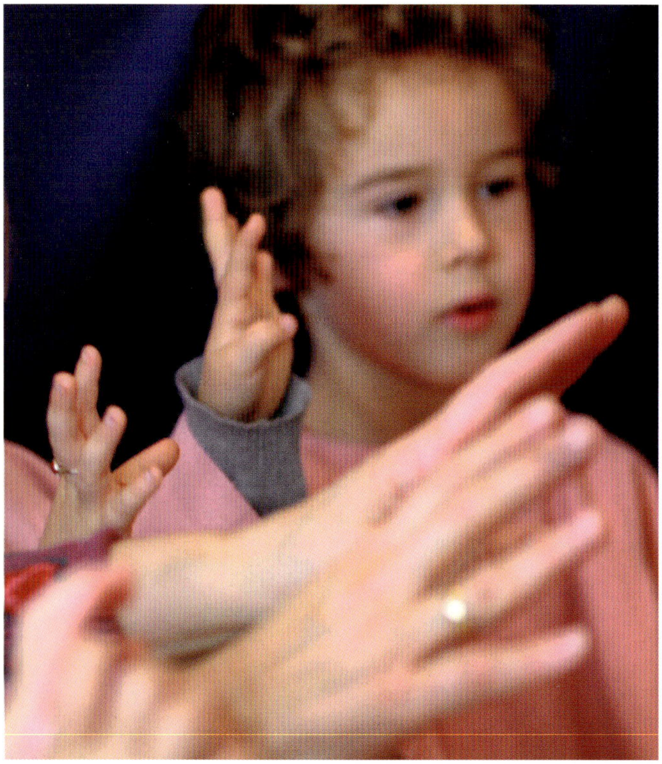

4 Der Hirte streicht seinem lieben Gesell
behutsam über das weiche Fell.

4 Er streichelt mit seiner rechten Hand liebevoll seine linke Faust und den Unterarm, der schräg nach oben auf der Brust liegt. Pro Textzeile einmal langsam über die Faust und den Arm herunterstreichen.

5 Dann machen sie die Augen zu
und halten miteinander Ruh'.
Im Schlafe träumen alle
von dem Christuskind im Stalle.

5 Der Erzieher neigt seinen Kopf und legt das Gesicht in seine Hände. Er verweilt ruhig in dieser Haltung und beginnt laut zu singen.

Ausklang

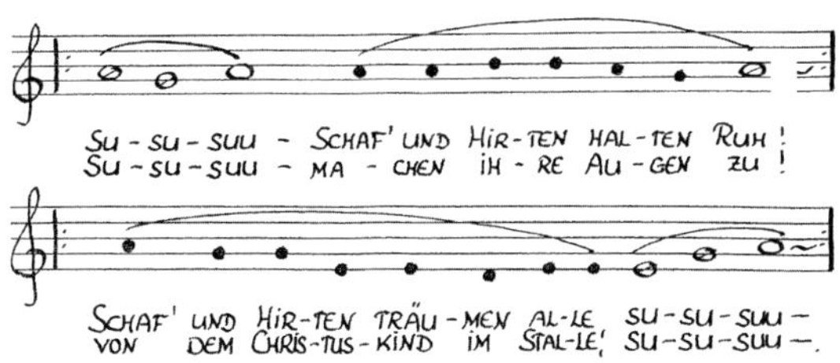

6 Su-su-suu – Schaf' und Hirten halten Ruh' etc.

6 Er singt leise den Ausklang, dabei wiegt er, mit dem Gesicht in den Händen, in der Schwingung der Melodie leicht vor und zurück. Bei Bedarf kann er eine Wiederholung summen oder auf der Choroi-Flöte spielen (siehe hierzu die Hinweise Seite 63).

7 Auch im Stalle – schlafen alle.

7 Bei dem Wort «Stalle» zeigt der Erzieher mit den Armen und Händen das Stalldach und hält die Geste eine Weile. Bei «alle» legt er die Stirn leicht gegen die Hände, die noch das Stalldach

zeigen. In dieser Haltung neigt er den Oberkörper leicht nach vorn und verweilt so einige Zeit.

8 Nur die Engel halten Wacht

8 Dann steht der Erzieher stumm auf, er erhebt die Arme als Flügel und spricht: «Nur die Engel …»

9 in der hohen, heiligen Nacht,
(rück) (vor) (rück)
in der Weihenacht.

9 Er führt die Arme etwas höher und schwingt sie, wie links im Text angegeben, rück-vor-rück. Bei «In der Weihenacht» führt der Erzieher die Arme herunter zu einer segnenden Geste, die er eine Weile hält, bevor er sie sehr langsam auflöst.

Es ist aus

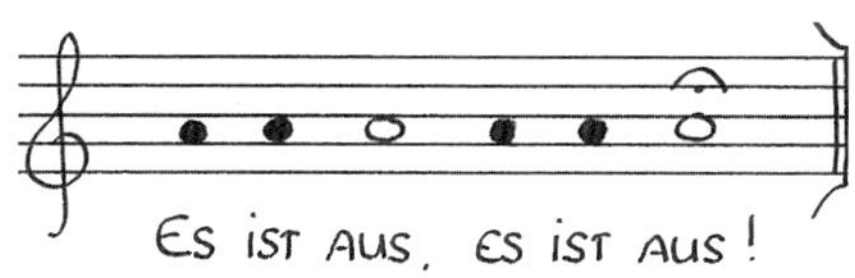

Vor dem Singen die Zimbeln zart anschlagen, die Arme langsam waagerecht nach rechts und links auseinander- und wieder zusammenführen. In den verklingenden Klang hinein singen: «Es ist aus!» Den Ablauf wiederholen.

Nüssli

Und zum Schluss gibt's noch ein Nüssli,
von dem Christuskind ein Grüßli.
Mäulchen auf! Ich steck's hinein.
Kauen – kauen! Mmm – schmeckt fein!

Der Erzieher holt die bereitgestellte Schale mit Haselnüssen oder getrocknetem Obst. Er geht von Kind zu Kind und steckt jedem ein «Süßli» in den Mund. Dabei spricht er so lange den Text, bis alle ein Leckerli haben.

Ausklang-Ruf

Das Dreikönigsspiel

Textgrundlagen

Matthäus-Evangelium, Kapitel 2, Verse: 1, 2, 9–12

Übersetzung: Lic. Emil Bock (1948)*

1 Als nun Jesus geboren worden war zu Beth-
lehem in Judäa, unter der Regierung des Kö-
nigs Herodes, siehe, da kamen Priesterkönige
aus den Reichen des Ostens nach Jerusalem
und sprachen:
2 Wo ist der Neugeborene, der zum König der
Juden bestimmt ist? Wir sahen seinen Stern in
den Reichen des Ostens und sind gekommen,
um unsere Knie vor ihm zu beugen. (…)
9 Nach diesen Worten des Königs brachen sie
auf. Und siehe, der Stern, den sie in den Rei-
chen des Ostens gesehen hatten, zeigte ihnen
den Weg, bis er über dem Hause stand, da das
Kindlein war.
10 Und als sie den Stern sahen, wurden sie von
großer Freude ganz erfüllt.
11 Sie traten in das Haus ein und erblickten das
Kind und Maria, seine Mutter und fielen anbe-
tend vor ihm nieder und taten ihre Schätze auf
und brachten ihm Gaben dar: Gold, Weihrauch
und Myrrhen.
12 Ein Traumgesicht aber gab ihnen die Wei-
sung, nicht zu Herodes zurückzukehren, und
so zogen sie auf einem anderen Wege wieder
heim in ihr Land.

* Ausgabe: Verlag Urachhaus, Stuttgart 1980.

Der 72. Psalm, Verse 6–11 und 15

6 Er wird herabfahren wie der Regen auf die Aue,
wie die Tropfen, die das Land feuchten.
7 Zu seinen Zeiten wird blühen die Gerechtigkeit
und großer Friede sein, bis der Mond nicht mehr ist.
8 Er soll herrschen von einem Meer bis ans andere
und von dem Strom an bis zu den Enden der Welt.
9 Vor ihm werden sich neigen die Söhne der Wüste,
und seine Feinde sollen Staub lecken.
10 Die Könige von Tharsis und auf den Inseln
sollen Geschenke bringen,
die Könige aus Saba und Scheba sollen Gaben senden.
11 Alle Könige sollen vor ihm niederfallen
und alle Völker ihm dienen (…)
15 Er soll leben und man soll ihm geben
vom Gold aus Saba. Man soll immerdar für ihn
beten und ihn täglich segnen.

Aus dem Friedensevangelium der Essener

(1928 zum ersten Mal übersetzt)

Und wenn die Sonne hoch am Himmel scheint, dann sollt ihr den heiligen Strom der Töne suchen. In der Hitze der Mittagsstunde sind alle Lebewesen ruhig und suchen den Schatten. Die Engel der Erden-Mutter sind für einen Augenblick still.

Dann sollt ihr den heiligen Strom der Töne in eure Ohren einlassen, denn er kann nur in der Stille vernommen werden. Denkt an die Ströme, die nach einem plötzlichen Sturm in der Wüste entstehen, und an das dröhnende Geräusch der Wasser, wenn sie vorbeifließen. Wahrlich, dies ist die Stimme des Gottes, wenn ihr es noch nicht wusstet.

Denn so wie es geschrieben steht: «Am Anfang war der Laut, und der Laut war bei Gott.» Ich sage euch, wahrlich, wenn wir geboren werden, betreten wir die Welt mit dem Ton Gottes in unseren Ohren, sogar mit dem Gesang des weiten Chores des Himmels und dem heiligen Singen der Sterne auf ihren festgesetzten Umläufen.

Es ist der heilige Strom des Tones, der die Gewölbe der Sterne durchquert und das endlose Reich des Himmlischen Vaters durchläuft.

Er ist immer in unseren Ohren, obwohl wir ihn nicht hören. Lauscht nach ihm in der Stille des Mittags, badet in ihm, und lasst den Rhythmus der Musik Gottes in euren Ohren trommeln, bis ihr mit dem heiligen Strom des Tones eins geworden seid.

Es war dieser Ton, der die Erde und die Welt formte und die Berge hervorbrachte und die Sterne auf ihren Thron in der Herrlichkeit der höchsten Himmel versetzte.

Die Gesamtkomposition

«Das Dreikönigsspiel»: Kurzspiel, Ergänzungsspiele, Zug nach Ägyptenland und Zusatzspiel

Ein wichtiger Gedankengang ist, dass die Grundkomposition bei den verschiedenen Zusammenstellungen erhalten bleibt.

Einzug – Ankunft – Anbetung – Opfergaben
– Heimkehr mit Engelsgeleit –
Einwiegen und Ausklang

Diese Folge ist im Kurzspiel gegeben. Um die besondere Situation der Anbetung des Königsknaben gerade auch im Hinblick auf die ganz anderen Vorgänge bei der Anbetung des Gotteskindes im Hirtenspiel noch deutlicher zu machen und im Erleben zu vertiefen, ist es erstrebenswert, das Kurzspiel nach und nach durch Einfügung von Ergänzungsspielen zu erweitern. (Das Kurzspiel mit allen Ergänzungsspielen ist dann das «Großspiel»).

Man beginnt also zunächst mit dem Kurzspiel, lebt damit eine Weile, dann kommt ein Ergänzungsspiel hinzu, später ein weiteres. Es wird dadurch fortlaufend schon Bekanntes wiederholt und Neues nach und nach hinzugefügt. Die kleineren Kinder werden so nicht überfordert, und mit der Überraschung durch das Neue kommt man der Mentalität der größeren Kinder, die vor dem Schuleintritt stehen, entgegen.

Zum Abschluss wird der «Zug nach Ägyptenland» in kindgerechter Weise, ganz im Staunen gehalten, ohne Schreck- oder Trauerreaktionen, als Ausklang des Geschehens, entweder an das Kurzspiel, wenn nur dieses gespielt wurde, oder an das Großspiel mit den Ergänzungsspielen angehängt und mindestens drei- bis viermal durchgeführt.

Die Epiphaniaszeit geht bis zum 1. Februar, einen Tag vor Maria Lichtmess.

Die Gestaltung des Textes im Königsspiel

Es wurde versucht, den Text so zu gestalten, dass die Sprache durch Hervorhebung von Rhythmus und Melos musikalisiert ist – ein Sprachgeschehen, in dem der Sinngehalt in den Hintergrund tritt und so das Wesenhafte der Sprache, das pulsierend Strömende und das klanglich Atmende erfahrbar werden. Eine Sprache also, die Bewegungs- und Klanggeschehen ist. Der Text wurde in «Sprachgebärden» übertragen, die mit der Körpergebärde, der leiblichen Geste, in exakter Übereinstimmung sind; somit kann der Text als ein einheitlicher, in sich stimmiger Gebärdenvollzug erfahren werden.

Alles vorstellungsmäßig Bildhafte, alles Betrachtende, alles abstrahierend Begriffliche wurde vermieden, da dieses in Gebärden, in Gesten nicht gezeigt werden, nicht räumlich sinnlich wahrnehmbar gemacht werden kann (siehe dazu «Hinweise zur sprachlichen Gestaltung und zum Singen» Seite 16).

Das Spielgeschehen
Die Könige erhielten die Kunde von der Geburt des «königlichen Kindes» durch den Stern. Lange hatten sie auf diesen geweissagten Augenblick gewartet. «Als die Zeit erfüllet war», erschien er ihnen.

Sie waren «weise Magier», und sie nahmen die «Offenbarung» aus kosmischen Weiten durch Schauen wahr.

In fernen Landen vollzog sich dieses, und sie machten sich auf den langen Weg, um vom Morgenland, den «Reichen des Ostens», nach Judäa zu ziehen, in Demut ihre Knie vor ihm zu beugen und ihre Opfergaben darzutun.

Der Stern, der ihnen die Geburt verkündet hatte, führte sie auch nach Bethlehem zu dem Haus, in dem das Kind war.

Gebärden im sprachlichen Geschehen

Der lange Weg und der Stern wurden bestimmend für die Gestaltung des Spielablaufs. Der umgebende Raum wird beim Gang mit dem vorangetragenen Stern stark mit einbezogen. Der lange Weg soll erfahrbar werden.

«Es schweben die Engel aus Himmelshöhen,
Es fliegen die Vögel aus luftigen Weiten,
Es wandern die Kinder zum Jesuskind.
Von weit her kommen sie zu ihm.»

Der himmlische Stern, der die «Königsweisen» zum Kind führte, leuchtet auch auf in den Augen des «Königskindes»:

«Da lacht das Kind, das hat es gern,
die Augen leuchten wie zwei Stern'.»

Er findet sich wieder im «Kristall» als Sechsstern. Der Sechsstern ist der Stern Davids. Er ist das Symbol für den Makrokosmos.

Der Stern ist verborgen in der «Rose» als Fünfstern. Er ist das pythagoräische Symbol für Heilung, Symbol auch für den Menschen.

Das Kind empfängt alle, die kommen, voll Freude, ist allen zugewandt, die es in Ehrfurcht anbeten und ihm ihre wertvollen Opfergaben darbringen:

«Weihrauch, Myrrhe und das Gold –
Engelsglöckchen heller Klang –
Zwitschervögel «Liebessang» –
Rose, die blüht in der Weihenacht –
Kristall, der leuchtet wie ein Stern –
das alles bringen sie von fern.
Der Joseph lädt sie freundlich ein.
Voll Anmut die Maria sich verneiget,
ihre Dankbarkeit sie zeiget.»

Es ist ein Raum, durchstrahlt vom Licht der Andacht und Opferkraft, ein Raum, durchatmet von Ehrfurcht, Würde und Weite.

Als die Priesterkönige ihrem Herrn gehuldigt hatten, wurden sie im «Traumgesicht» durch den Engel angewiesen, auf einem anderen Weg in ihr Land zurückzukehren. Da tritt an die Stelle des Sternes, der sie nach Bethlehem geführt hat, der Engel, der sie still und unerkannt bis ins Morgenland geleitet.

Auch in dem Spiel «Zug nach Ägyptenland» ist es wieder der lange, weite Weg, der im Mittelpunkt des Geschehens steht. Er ist so weit, dass er von Maria mit dem Kind zu Fuß gar nicht zu bewältigen wäre. Es gibt ein «Eselein», das sie trägt, mit leichtem Schritt trabt es daher.

«Im festen Schritt geht Joseph mit.
Und der Engel seine Flügel breitet –
die «heilige Familie» er geleitet –
ganz unerkannt –
nach Ägyptenland.»

Die Symbolik

Augustinus gibt Hinweise darauf, wie in den äußeren Gestirnen und ihren Bewegungen Bildhaftes für das geistig-göttliche Dasein in der Welt zu sehen ist.

Die Könige hatten die Fähigkeit, Erkenntnisse aus den Sternenbildern und aus den Konstellationen der Gestirne zu gewinnen. Sie erforschten das Planetensystem in seiner Geistigkeit. Auf Erden hatten sie eine besondere Beziehung zu den Mineralien und Pflanzen und besaßen ein Erkenntnisvermögen für alle beseelten Wesen, so die Ausführungen von Rudolf Steiner.

Der Achtstern

Beim Achtstern liegt nach Auffassung der Kirchenväter die Bedeutung nicht auf dem Sternbild als Zeichen, wie zum Beispiel beim Sechsstern oder beim Fünfstern, sondern auf dem aufleuchtenden Strahlenschein, der den ungeheuerlich reichen und kräftigen Strahlenhof erklären soll. Diese sternbildenden Strahlen sind zur Verdeutlichung des Besonderen aufzufassen.

Der Achtstern als Symbol in der Ikone: Dort verkündet er, als Stern Jakobs, schon vorausschauend die Ankunft Christi.

In der christlichen Symbolik wird der Achtstern auch als Zeichen für die Wiederverkörperung gesehen, als zwei ineinandergeschobene Quadrate. Ein Quadrat (Viereck) ist das Symbol für das Irdische.

Die Gaben der drei Königsweisen

Das Gold ist das Symbol der Erkenntnis, dass es eine göttliche Weltenlenkung gibt. In den Mysterien gab es die Weisheit vom Göttlichen; sie wurde gesucht in der Konstellation der Sterne. Diese Weisheit muss sich mit dem

Impuls verbinden, der sich als Christus-Impuls in die irdische Menschheitsentwicklung hineinergießt. Das Gold ist auch das Symbol äußerer, weisheitsvoller Macht, die sich in sozialen Ordnungen kundtut; diese Ordnungen wurden in den Königreichen vergangener Epochen aus dem Einweihungswissen gestaltet.

Der Weihrauch ist das Symbol des Opfersinnes, der höchsten menschlichen Tugend. Dieser Tugendsinn muss sich mit der Christuskraft verbinden. Weihrauch ist auch ein Symbol des Weltenäthers, in dem der Geist lebt.

Die Myrrhe ist das Symbol des Ewigen im Menschen, die Erfüllung der menschlichen Unsterblichkeit. Sie ist auch Symbol dafür, dass das Leben über den Tod siegt.

In der Gestalt der Könige stehen die glanzvollen Vertreter der menschlichen Vergangenheit vor uns. Sie opfern dem Kind ihre Gaben; sie symbolisieren den geistigen Ertrag der Menschheitsgeschichte.

Weihrauch:
Verehrungskraft, die die alte indische Epoche mit der höheren Welt verband.

Gold:
Weisheit, die in der alten persischen Epoche den Menschen fähig machte, die Erde zu bearbeiten.

Myrrhe:
irdischer Gestaltungswille, der die Menschen in Ägypten beseelte.

Die Engel

Sie sind das Symbol für die Anwesenheit der geistigen Welt. Sie geleiten die Seele in die Erdenwelt. Jeder Mensch hat seinen Engel, der ihn durch das Leben geleitet.

Im Spiel ist das Erklingen der Engelsglöckchen das Symbol für die Sphärenharmonie. Die Engel spielen eine Engelsweise, eine Himmelsweise.

Der Glockenton ist die Erinnerung an den Urbeginn, an Christus, der von Anfang an war. Glocken sind aus Metall hergestellt, und Metalle sind Sternenwirken im Irdischen. Glockenklang schwingt, an- und abschwellend; Ton und Klang sind plastizierend im Ätherleib des Menschen tätig, sie haben Formkraft. Der menschliche Leib ist eine Manifestation der Sphärenharmonien. All dieses ist in kindgemäßer Weise in das Spiel «Die Engel mit den Glöckchen» einbezogen.

Die Vögel

Die Zugvögel sind das Symbol für die Wiedergeburt, denn sie ziehen fort, kommen aber wieder. In den Vogelzügen offenbart sich göttliche Weisheit, Sternenwirken. Vögel können sich aus der Erdenschwere in lichte Himmelshöhen erheben. In den Märchen der Brüder Grimm wird das Bild der Vögel und des Windes gebraucht, wenn Höhe ausgedrückt werden soll. Vögel schwingen sich auf, sie sind deshalb auch Symbol für die Wörter der Wahrheit, da sie im blauen Äther leben. Der Vogelgesang weckt die Liebe zur Schöpfung, zur Welt, zur Erde.

Die drei Königsweisen besaßen ein besonderes Erkenntnisvermögen für alle beseelten Wesen, somit auch für die Tiere. Sie sind in das Dreikönigsspiel in der Gestalt der Vögel mit einbezogen, weil ihre Symbolik in besonders sinnfälliger Weise das Geschehen verdeutlichen kann.

Die Gaben der Kinder als Symbol

Der Kristall macht sich zum Durchgang des Lichtes. Er zeigt damit die Klarheit der Weisheit. Sich zum Durchgang zu machen symbolisiert Selbstlosigkeit. Auch hier zeigt sich wieder das Sternenwirken im Erdensein, der Kristall als Mineral. Der Kristall hat als Grundriss den Sechsstern, das Siegel Salomons. Der Sechsstern, zwei ineinandergeschobene Dreiecke, ist das Symbol für die vollkommene Harmonie zwischen Kosmos und Erde.

Die Rose steht hier als Symbol für die Maria. Sie ist Himmelskönigin, die Rose ist die Königin unter den Blumen. Die Blume blüht für andere, auch hier zeigt sich wieder das Symbol der Selbstlosigkeit. Der Rose liegt der Fünfstern zugrunde: Der Fünfstern ist der Stern Davids. In der Magie ist er das Symbol für den Kampf des Geistes gegen die Finsternis. Er ist auch der Stern des Menschen, Zeichen für den Mikrokosmos.

Im Spiel bringen die Kinder dem Jesusknaben zwei Gaben, zwei Opfer, in denen durch Schönheit die Wahrheit offenbar wird.

Hinweise zum Spielkreis

Das kleine Kind hat noch keine freie, sondern nur eine wahrnehmungsgebundene Vorstellung; deshalb ist es unerlässlich, dass das Jesuskind, um das sich das ganze Geschehen abspielt, für das Kind physisch wahrnehmbar ist – jedoch nicht naturalistisch als Puppe, sondern als Typus.

Der «Thron» mit dem Kind steht nicht wie die Krippe im Hirtenspiel im Mittelpunkt des Spielkreises, sondern in einem der beiden Mittelpunkte des Lemniskatenkreises.

Zunächst ist das königliche Kind mit einem Tuch bedeckt.

Beim Fliegen (Engel und Vögel) führt der Weg außen auf der Kreisbahn um den Stern herum. Man kann auch den Stern in den Lemniskatenmittelpunkt stellen und den Thron davor. Der Erzieher sitzt oder steht in jedem Fall neben dem Thron und bemüht sich, nach jedem Ablauf wieder dort anzukommen. Die Kinder sitzen im Kreis, nicht exakt auf der Linie; davor und dahinter ist es auch möglich.

Gestaltungsvorschläge für das königliche Kind und den Thron siehe Seite 154 f.

Spielhinweise

Das Sprechen muss so gestaltet werden, dass die Sprache als ein Bewegungs- und Klanggeschehen erfahren werden kann (siehe hierzu «Hinweise zur sprachlichen Gestaltung» Seite 16).

Alle Bewegungen müssen rechtzeitig vorbereitet werden, damit sich die Bewegung und das Sprechen als einheitlicher Akt vollziehen können. Bei allen Übergängen in eine andere Raumesrichtung und in andere Gebärden muss man sich viel Zeit lassen, da es nicht auf die fertige Geste, den Endpunkt, ankommt, sondern auf den Entstehungsprozess, also auf die Bewegungsbildung.

Es ist wichtig, bei allen Gebärden und Raumbewegungen darauf zu achten, dass für die Bewegungen genug Platz vorhanden ist, damit die Kinder sich nicht anstoßen. Gegebenenfalls macht man die Bewegungen etwas kleiner.

Der Aufbau des Dreikönigsspiels

Rahmenhandlung

- Einstimmung
- Aufbau des Spielkreises (Stern und Sternständer herrichten, evtl. Hocker stellen)
- Königliches Jesuskind (zunächst bedeckt) herrichten
- Körbchen für die Glöckchen bereitstellen
- Die Choroi-Kinderharfe bereithalten
- Naschwerk richten
- Gegebenenfalls den Kindern das festliche Gewand anziehen

Abfolge des Kurzspiels

A Einzug mit dem Stern
1. Ankunft
2. Anbetung
3. Opfergaben [Ergänzungsspiele 1–4]
4. Heimkehr mit Engelsgeleit
5. Wiegen des Kindes

B Es ist aus
C Verteilen des Naschwerks[1]

Ergänzungsspiele[2]

1. Engel
2. Die Vögelein
3. Kinder
4. Gemeinsame Andacht
5. Rast unter dem Palmenbaum

Zug nach Ägyptenland

A Vorspiel
B Hauptspiel
C Ausklang

Zusatzspiel

Die heilige Familie rastet

1 Vgl. Anmerkung 3 auf Seite 24.

2 Die Ergänzungsspiele 1, 2 und 3 können in beliebiger Auswahl gespielt werden. Das vierte Ergänzungsspiel, «Gemeinsame Andacht», ist nur sinnvoll, wenn vorher die drei anderen Ergänzungsspiele gemacht wurden. – Der Spielablauf ohne die Ergänzungsspiele ist das Kurzspiel. Das 5. Ergänzungsspiel kann immer eingefügt werden.

Das Dreikönigsspiel (Kurzspiel)

A Einzugslied I:
«Zug mit dem hellen Stern»

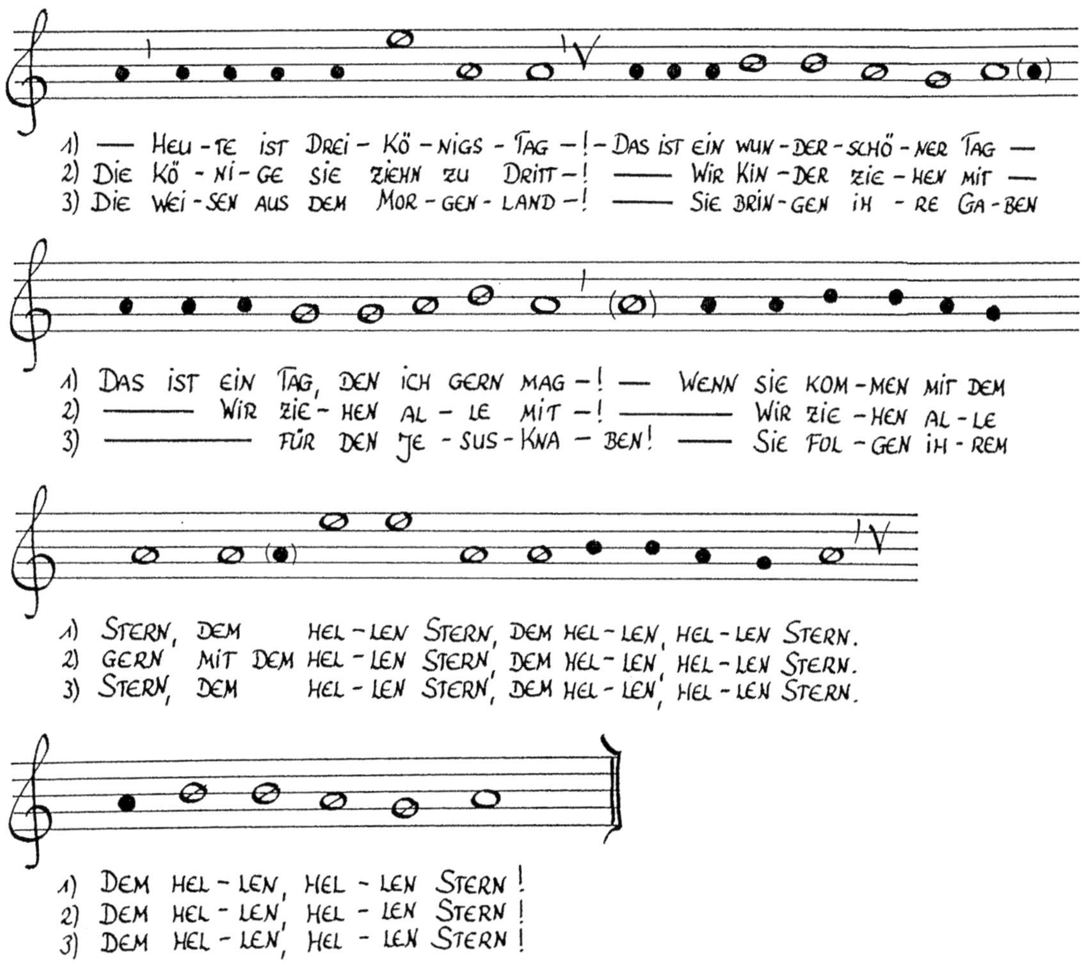

A Einzugslied II:
«Die Könige folgen dem hellen Stern»

Spielhinweise zum Einzugslied
Es wird nur eines der beiden Einzugslieder gesungen; man kann frei wählen, welches Lied es sein soll. Der «Sternträger» (Erzieher) nimmt den Stab mit dem goldenen Sechs- oder Achtstern, hebt ihn hoch und zeigt ihn nach rechts, nach links und zur Mitte, dabei singt er dreimal:

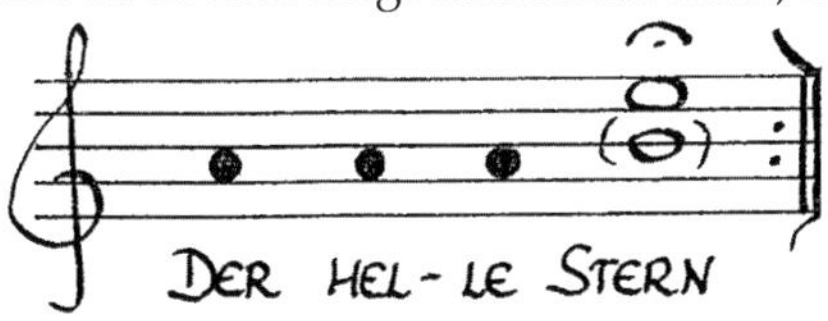

Dann zieht der Sternträger seines Weges, die Kinder folgen ihm.
Es ist gut, wenn der Stern von einem Erwachsenen getragen wird, damit der Zug sicher durch den Raum (bzw. die Räume) geführt wird. Dadurch wird auch die Problematik vermieden, dass nicht jedes Kind im Laufe der Spielzeit einmal den Stern tragen kann.
Der Sternträger zieht immer näher zum Spielort, umrundet ihn, sodass ein Kreis gebildet wird. Möchte man vorher noch etwas länger umherziehen, kann die erste Strophe des Liedes wiederholt werden.
Wenn der Kreis gebildet ist, geht der Sternträger einige Schritte weiter; er hebt den Stab mit dem Stern hoch und schaut zu ihm auf. Dann beginnt das Spiel mit dem Text: «Der Stern führt sie nach Bethlehem …»
(Man kann zur allerersten Einstimmung in die Epiphaniaszeit das Spiel bereits nach dem Umzug beenden.)

1. Ankunft

Der Stern führt sie nach Bethlehem.
Über dem Haus hier bleibt er steh'n.
– Leuchtet so hell! –
Die Könige nicht weitergeh'n.
Sie wollen in das Haus hinein.
Der Joseph lädt sie freundlich ein:
«Kommt herein! – Kommt herein!»
Die Könige treten ein. –
Finden drin das Kindelein.

2. Anbetung

Die Weisen beugen ihre Knie.
Ihre Häupter neigen sie.
In Andacht ehren sie das Kind,
ihre Herzen voller Dank,
dass sie bei IHM sind.

Geführt hat sie der helle Stern.
Sie fanden CHRISTUS, ihren Herrn!

3. Opfergaben

Bringen Opfergaben:
Das Gold,
den Weihrauch
und die Myrrhe
schenken sie dem Knaben.
Maria, die sagt: «Danke! – Danke!»
Da lacht das Kind, das hat es gern,
die Augen leuchten wie zwei Stern'.

4. Heimkehr mit Engelsgeleit

Kaspar – Melchior – Balthasar,
die Heiligen Drei Könige,
zum Abschied sich verneigen.
Das Herz voll Dank – das Herz voll Glück
zieh'n sie ins Morgenland zurück.
Das Herz voll Dank – das Herz voll Glück
zieh'n sie ganz still nach Haus zurück.
Der Engel seine Flügel breitet.
Die Königsweisen er geleitet.
Geleitet sie ganz unerkannt
wieder zurück ins Morgenland.
Geleitet – geleitet –
geleitet sie ins Morgenland.

Heimwärts die drei Weisen gehen.
Die Anbetung ist geschehen.

5. Wiegen des Kindes

So müde ward das Kindelein.
Maria singt und wiegt es ein:

Dem Kind fallen die Augen zu.
Im Arm der Mutter hält es Ruh'.

B Es ist aus

Ganz stille ist's im Haus.
Das Dreikönigsspiel ist aus.

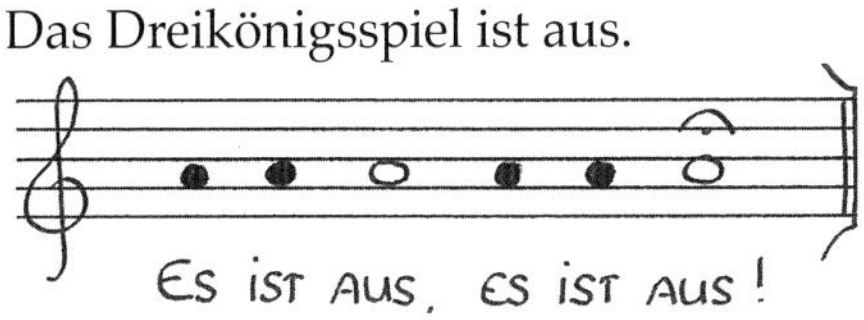

C Verteilen des Naschwerks

Und zum Schluss gibt's noch ein Süßli
von dem Christuskind ein Grüßli.
Mäulchen auf, ich steck's hinein.
Kauen – kauen! Mmm – schmeckt fein.

A Einzug mit Stern*

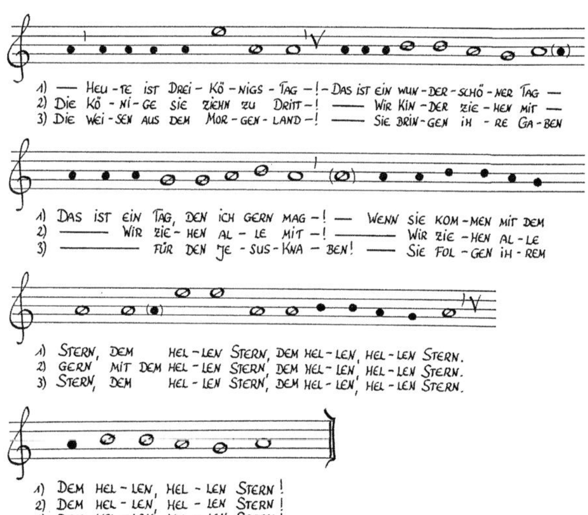

* Es kann auch das Lied «Die Könige folgen dem hellen Stern» gesungen werden.

1. Ankunft

Text:

1 Der Stern führt sie nach Bethlehem.

Bewegungen:

1 Der Sternträger (Erzieher) ist <u>hinter</u> dem Jesuskind angekommen.

2 Über dem Haus hier

2 Er dreht sich mit dem Stern zur Kreismitte und hebt dabei den Stern hoch.

3 bleibt er steh'n.

3 Der Sternträger (Erzieher) geht mit dem Stern zum «Sternständer» und steckt den Stern bei «steh'n» im Ständer fest.

4 Leuchtet so hell!

4 Dann tritt der Erzieher stumm wieder in den Kreis zurück und deutet mit der rechten Hand auf den im Ständer stehenden Stern und spricht: «Leuchtet so hell».

5 Die Könige nicht weitergeh'n.

5 Nachdem der Erzieher die rechte Hand heruntergenommen und sich mit dem Gesicht zur Kreismitte gewendet hat, schüttelt er verneinend seinen Kopf.

6 Sie wollen in das Haus hinein.

6 Der Erzieher führt die Fingerspitzen beider Hände über dem Kopf zusammen, er zeigt ein Dach.

7 Der Joseph lädt sie freundlich ein:

7 Der Erzieher legt seine Hände locker auf die obere Brust. Dann breitet er seine Arme zum Empfang aus, jedoch nicht zu weit und zu schräg nach vorne. Dabei eine leichte Verbeugung machen.

8 «Kommt herein! – Kommt herein!»

8 Der Erzieher führt seine Hände zweimal im großen Bogen zum Körper, so wie wenn er jemanden zu sich rufen möchte.

9 Die Könige treten ein.

9 Der Erzieher stellt sich königlich aufrecht hin. Seine Hände legt er oberhalb der Schläfen an den Kopf, die Finger sind leicht gespreizt und leicht gebeugt als «Krone». Dann mit zwei sehr behutsamen Schritten auf das Kind zugehen. Einen Moment verweilen, danach die Kronengeste auflösen und das seither bedeckte Jesuskind aufdecken.

10 Finden drin das Kindelein.

10 Der Erzieher deutet mit beiden Händen auf das Kind; dabei sind die Handinnenflächen einander zugewendet, ohne dass sie sich berühren.

2. Anbetung

Text:

1 Die Weisen beugen ihre Knie.

Bewegung:

1 Der Erzieher geht in den Kniestand herunter oder in den Schrittstand: Das linke Knie ist auf dem Boden, den rechten Fuß mit der ganzen Sohle etwa im Abstand eines Schrittes vor dem linken Knie auf den Boden stellen. Der Oberkörper ist aufrecht.

2 Ihre Häupter neigen sie.

2 Im Knie- oder Schrittstand neigt der Erzieher jetzt den Kopf, die Arme und Hände hängen locker seitlich am Körper.

3 In Andacht ehren sie das Kind,

3 Die bei 2 beschriebene Gebärde beibehalten und sprechen: «In Andacht …», nach dem Sprechen kurze Zeit in der Gebärde verweilen.

4 ihre Herzen voller Dank,	4 Jetzt kreuzt der Erzieher die Unterarme über der Brust und richtet sich im Oberkörper wieder auf.
5 dass sie bei IHM sind.	5 Die Gebärde von 4 halten und auf das Kind schauen, bei dem Wörtchen «bei» leicht nicken.
6 Geführt hat sie	6 Der Erzieher führt seine Hände langsam hoch in Richtung Stern und
7 der helle Stern.	7 deutet bei «der helle Stern» direkt auf ihn. Die Hände ein Weilchen so halten.
8 Sie fanden CHRISTUS,	8 Dann die Hände herunternehmen und wieder auf das Kind deuten, dabei sind die Innenflächen zueinander gewendet.
9 ihren Herrn!	9 In der Haltung von 8 eine leichte Verbeugung machen. Dabei die zum Kind vorgestreckten Arme und Hände etwas näher an den Körper nehmen.

3. Opfergaben

Text:	Bewegung:
1 Bringen Opfergaben:	1 Der Erzieher dreht seine Hände so, dass die Innenflächen nach oben zeigen, und bildet nebeneinander mit jeder Hand je eine kleine Schale. Diese Schalen werden bei dem Wort «Opfergaben» dem Kindlein gezeigt.
2 Das Gold,	2 Der Erzieher geht in den Kniestand herunter (oder er setzt sich auf einen Hocker) und führt seine Hände am Rand der kleinen Finger aneinander, sodass *eine* Schale entsteht. In dieser Schale liegt das imaginäre Gold, das dem Kind gezeigt wird. Eine Weile halten.

3 den Weihrauch *(stumm)*

(vor) (rück) (vor) (rück)

3 Der Erzieher hält seine Hände senkrecht, die Fingerkuppen und die Handwurzeln berühren sich; zwischen beiden Händen ist ein Hohlraum, und zwischen den Fingern sind Lücken, sodass aus dem entstandenen «Gefäß» der «Rauch» herausziehen könnte. Das «Weihrauchgefäß» dann im angegebenen Rhythmus ruhig vor- und zurückschwingen.

4 und die Myrrhe

4 Jetzt bildet der Erzieher mit seinen Händen eine «Dose mit Deckel»: Die linke Hand macht wieder eine kleine Schale, schön gewölbt, sodass man etwas hineinlegen könnte. Die rechte Hand ist auch zu einer Schale gewölbt, jedoch mit dem Handrücken nach oben. Die rechte Hand wird nun als «Deckel» auf die linke Hand gelegt, sodass die Handwurzel der rechten Hand am Rand des kleinen Fingers der linken Hand liegt. Der Erzieher lässt sich Zeit für das Bilden der Geste.

5 schenken sie dem Knaben.

5 Die Hände jetzt wieder so halten wie unter «Opfergaben 1» beschrieben: zwei kleine Schalen. Mit den beiden Schalen zum Kind hindeuten und sich dabei verneigen, in dieser Verneigung ein Weilchen bleiben. Danach richtet sich der Erzieher stumm wieder auf und geht langsam in die Geste der Maria über.

6 Maria, die sagt: «Danke!

7 Danke!»

6 Die Symbolgeste für die Maria im Dreikönigsspiel: im Kniesitz die Unterarme über der Brust überkreuzen, ohne dass diese sich berühren. Auch der Köper wird nicht von den Armen berührt. Bei «Danke!» sich in der Marienhaltung verneigen.

7 Die Symbolgeste der Maria beibehalten, sich aufrichten und nochmals verneigen bei «Danke!»

8 Da lacht das Kind, das hat es gern,

8 Im Sprachrhythmus wie links angegeben leicht und federnd klatschen. Die Hände nach dem Klatschen jedes Mal im kleinen Bogen über oben führen.

9 die Augen leuchten wie zwei Stern'.

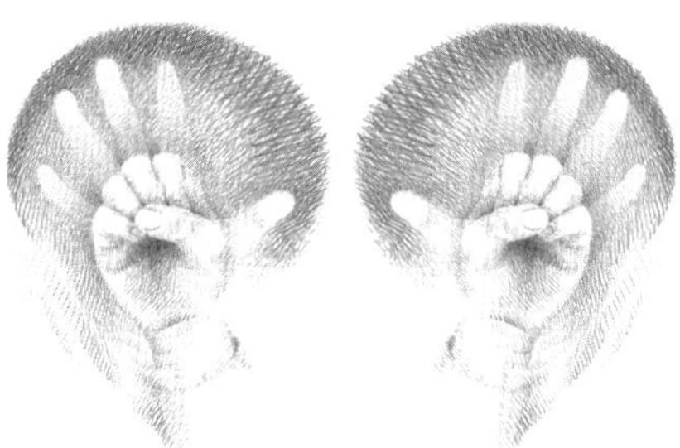

9 Der Erzieher spreizt seine Hände und Finger in Augenhöhe, die Innenflächen zum Betrachter gewendet, und bewegt sie leicht nach vorne. Bei «wie» die Finger locker einrollen und die Hände etwas zurücknehmen. Bei «Stern» erneut die Finger spreizen. Ein Glitzern, ein Blinken soll dadurch angedeutet werden.

[Hier können die Ergänzungsspiele 1–3 eingefügt und in beliebiger Auswahl gespielt werden. Das 4. Ergänzungsspiel «Andacht» ist nur sinnvoll, wenn vorher die Ergänzungsspiele 1–3 gemacht sämtlich wurden.]

4. Heimkehr mit Engelsgeleit

Text:	Bewegungen:
1 *(stumme Bewegung)*	1 Der Erzieher richtet sich langsam auf und kommt zum Stehen. (Entfällt nach der «gemeinsamen Andacht», weil man da schon steht.)
2 Kaspar – Melchior – Balthasar,	2 Beim Nennen der Königsnamen wendet sich der Erzieher zuerst nach links, dann nach vorn und zuletzt nach rechts, dabei verneigt er sich jedes Mal leicht – primär mit dem Kopf.
3 die Heiligen Drei Könige,	3 Die Krone auf den Kopf setzen, siehe Abbildung Seite 98, 10.
4 zum Abschied sich verneigen.	4 Der Erzieher nimmt die Arme wieder herunter neben den Körper und verneigt sich bei dem Wort «verneigen».
5 Das Herz voll Dank – das Herz voll Glück	5 Jetzt richtet sich der Erzieher wieder auf und legt seine Hände gekreuzt auf das Brustbein. In dieser Haltung neigt er bei «Glück» noch einmal leicht den Kopf.
6 *(stumme Bewegung)*	6 Der Erzieher bleibt in der Haltung von 5, macht eine Vierteldrehung, sodass die rechte Schulter zur Kreismitte zeigt.
7 zieh'n sie ins Morgenland zurück. Das Herz voll Dank – das Herz voll Glück zieh'n sie ganz still nach Haus zurück.	7 Jetzt im Uhrzeigersinn in ruhigen Schritten auf der Kreisbahn gehen. Die Kinder müssen nicht alle hintereinandergehen, sie dürfen sich auch nebeneinander bewegen. Die Sprechbetonung und die Schritte müssen nicht fortlaufend übereinstimmen. Es kann hin und wieder geschehen, ohne dass man besonders dazu auffordert. Die «größeren» Kinder vor Schuleintritt suchen mit Freude die Übereinstimmung, in diesem freiwilligen Bemühen lasse man sie gewähren.

8 Der Engel seine Flügel breitet.
Die Königsweisen er geleitet.
(vor) *(rück)*
Geleitet sie ganz unerkannt
(vor) *(rück)*
wieder zurück ins Morgenland.
(vor) *(rück)*
Geleitet, *stumme Bewegung*
(vor) *(rück)*
geleitet, *stumme Bewegung*
(vor) *(rück)*
geleitet sie ins Morgenland.
(vor) *(rück)* *(vor)* *(rück)*

8 Der Erzieher erhebt seine Arme als Flügel, und geht mit leichten, gleitenden Schritten auf der Kreisbahn weiter, gleichzeitig bewegt er im links angegebenen Rhythmus die Flügel leicht nach vorn und hinten. Die letzte Textzeile sehr langsam sprechen, damit die Flügelbewegung stets gleich bleibt. Nach dem Wort «Morgenland» bleibt der Erzieher allmählich stehen. Erst wenn alle zum Stehen gekommen sind, dreht er sich mit dem Gesicht wieder zur Mitte.

9 Heimwärts die drei Weisen gehen.

9 Mit beiden Händen deutet der Erzieher im hohen Bogen links über den Kreis hinaus in die «Ferne».

10 Die Anbetung ist geschehen.

10 Abschließend verneigt sich der Erzieher noch einmal vor dem Königskind. Dabei hat er die Hände mit den Innenflächen zueinandergewendet in Gebetshaltung vor der Brust (ohne dass sich die Hände dabei berühren).

[Hier kann das Ergänzungsspiel 5 «Die Heiligen Drei Könige rasten unter dem Palmenbaum» eingefügt werden, sie ehe Seite 129.]

5. Wiegen des Kindes

Text:

1 So müde ward das Kindelein.

Bewegungen:

1 Der Erzieher lässt sich in den Fersensitz nieder oder setzt sich wieder auf einen Hocker. Dann spricht er: «So müde ward …»

2 *(stumme Bewegung)*

2 Ohne zu sprechen, neigt der Erzieher seinen Kopf und legt das Gesicht in beide Hände. In dieser Haltung kurze Zeit verweilen.

3 Maria singt

3 Beim Weitersprechen «Maria singt» hebt der Erzieher seinen Kopf und legt die Hände in den Schoß. Er stimmt den Zentralton a' an. Dann legt er seine Arme umeinander, die Hände umfassen die Unterarme.

4 und wiegt es ein.

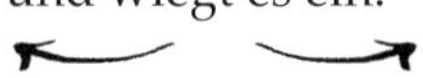

4 Das imaginäre Kind in den Armen wird gewiegt. Dann stimmt der Erzieher den Ton a' an und beginnt zu singen.

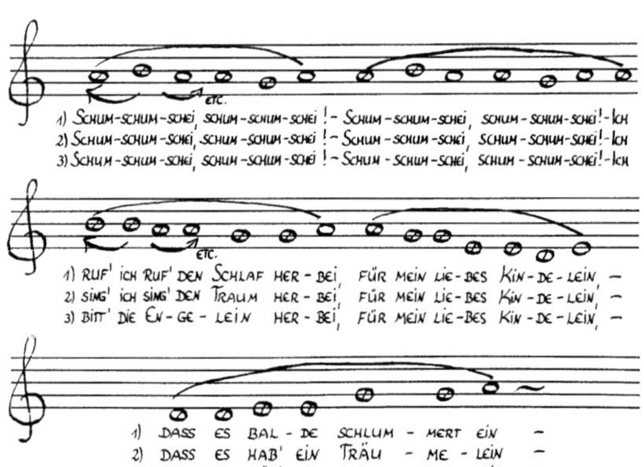

1. Strophe

5 Schum-schum-schei –
schum-schum-schei –
schum-schum-etc.

5 Der Erzieher hält noch immer das imaginäre Kind in seinen Armen (siehe Abb. Seite 104, 3) und wiegt es im angegebenen Rhythmus behutsam hin und her.

6 Ich ruf', ich ruf'
den Schlaf herbei
für mein liebes Kindelein,

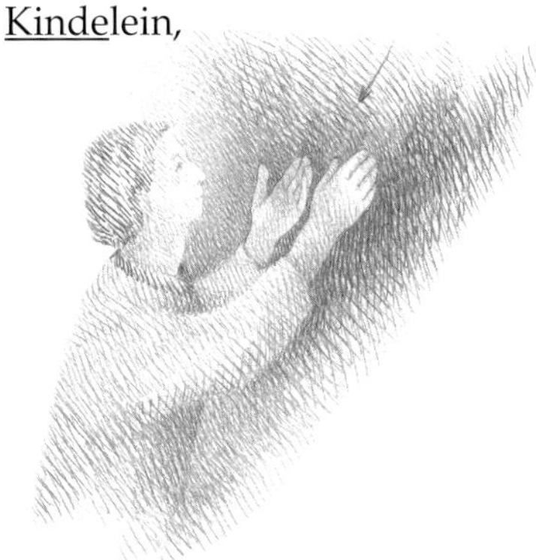

6 Mit beiden Händen winkt der Erzieher jeweils bei der Unterstreichung «den Schlaf» zu sich her. Die Bewegungen sind langsam und ruhig.

7 dass es balde schlummert ein.

7 Dann führt der Erzieher seine Hände zusammengelegt an die linke Wange und neigt seinen Kopf darauf.

2. Strophe

8 Schum-schum-schei etc.

8 Das Wiegen wiederum so ausführen wie oben bei 5 beschrieben.

9 Ich sing', ich sing'
den Traum herbei

9 Während des Liedtextes «Ich sing', ich sing'» führt der Erzieher seine Hände nach oben, die Handinnenflächen zueinander gewendet, bis etwas über Kopfhöhe. Bei «den Traum herbei» biegt er die Hände zurück, sodass eine große Schale entsteht, siehe Abb. links.

10 für mein liebes Kindelein

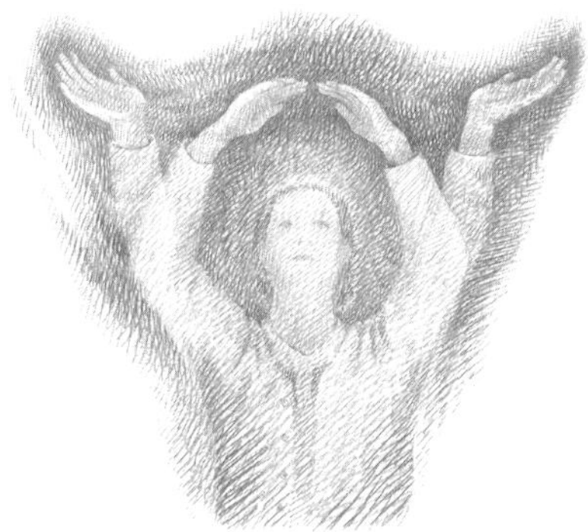

10 Bei «für» und «Kinde(lein)» mit den Händen jeweils leicht zum Kopf herunterwinken. (Es sind zwei kleine Bewegungen.)

11 dass es hab' ein Träumelein.

11 Der Erzieher legt beide Hände rechts und links an die Wangen, die Daumen berühren die Ohren. Er senkt seine Augenlider (ohne sie zu schließen). Ein Weilchen in dieser Haltung bleiben.

3. Strophe

12 Schum-schum-schei etc.

12 Das Wiegen wie Seite 105, 6 ausführen.

13 Ich bitt' die Engelein herbei

13 Der Erzieher führt seine Hände in einer fließenden Bewegung – ausgehend von der Gebetshaltung: die Hände sind mit den Handinnenflächen vor der Brust locker aneinandergelegt – nach oben, bis er bei «die Engelein» mit den Handgelenken über dem Kopf angelangt ist. Ohne in der Bewegung innezuhalten, die erhobenen Hände öffnen, also die Innenflächen zum Betrachter wenden und die Arme nach rechts und links auseinanderführen, sodass zwei Flügel (Engelshaltung) entstehen, siehe Abb.

14 für mein liebes Kindelein,
(vor) *(rück)*

14 Die «Flügel» (und ganz leicht auch den Oberkörper) langsam und luftig als leichten Flügelschlag vor und zurück bewegen.

15 dass es mög' behütet sein.

15 Jetzt dreht der Erzieher seine Hände mit den Handinnenflächen nach unten und führt seine Arme langsam bis zur Körpermitte herunter. Dort hält er sie eine Weile in einer behütenden, segnenden Gebärde.

16 Schum-schum-schei –
schum-schum-schei –

16 Wiegen siehe Seite 105, 5.

17 Schum-schum-schei
↑ ↓ ↑

17 Für das letzte, sehr zart und gedehnt gesungene «schum-schum-schei» die Arme in der Wiegehaltung, siehe Seite 105, 5, etwas näher an den Körper führen und diesen in einer kaum wahrnehmbaren Bewegung nach vorne, nach hinten und nach vorn führen (siehe links, die Pfeile unter den Worten). Dem letzten Ton nachlauschen.

18 Dem Kind fallen die Augen zu.
Im Arm der Mutter hält es Ruh'.

18 Der Erzieher schaut auf das in seinen Armen liegende imaginäre Kind und spricht leise und liebevoll den Text «Dem Kind fallen …».

B Es ist aus

Text:

1 *(stumme Bewegung)*

Bewegungen:

1 Der Erzieher erhebt sich in den Kniestand. (Falls er für das «Schum-schum-schei» auf dem Hocker saß, bleibt er jetzt dort sitzen.) Er nimmt seine rechte Hand ans rechte Ohr und horcht ein Weilchen.

2 Ganz stille

2 Bei «Ganz stille» lässt der Erzieher seine Hand noch am Ohr.

3 ist's im Haus.

3 Bei «ist's im Haus» führt er beide Hände mit den Fingerkuppen knapp über dem Kopf zusammen, er zeigt ein Dach.

4 *(stumme Bewegung)*

4 Jetzt steht der Erzieher auf.

5 Das Dreikönigsspiel

5 Er setzt seine Hände als Krone auf den Kopf und bleibt eine Weile mit der Krone stehen.

6 ist aus.

6 Der Erzieher nimmt seine Hände herunter, er breitet seine Arme etwas aus, um damit zu zeigen: «Es ist nichts mehr da.»

7 Es ist aus! –

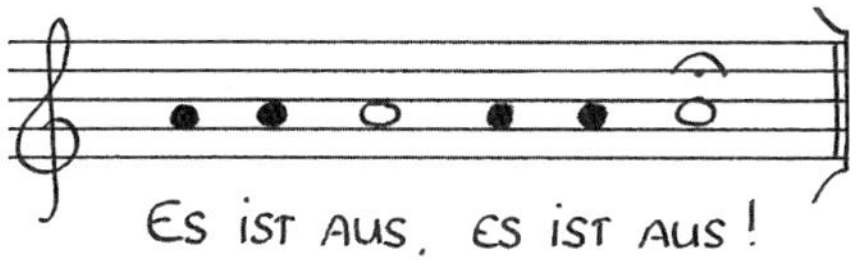

7 Vor dem Singen schlägt der Erzieher die Zimbeln zart an, führt dann die Arme langsam waagerecht nach rechts und links auseinander und wieder zusammen. In den verklingenden Ton hinein singt er auf dem Zentralton a′: «Es ist aus!» Den Ablauf wiederholen.

C Verteilen des Naschwerks

Und zum Schluss gibt's noch ein Süßli,
von dem Christuskind ein Grüßli.
Mäulchen auf, ich steck's hinein.
Kauen – kauen! Mmm – schmeckt fein.

Man nimmt die Schale mit den Apfelschnitzen oder gedörrten Pflaumen, Feigen, Rosinen, Haselnüssen und verteilt sie an die Kinder beim Sprechen des Verses. So lange wiederholen, bis jedes Kind sein «Süßli» hat. Ist die Gruppe groß, kann man einen Helfer zum Verteilen einsetzen, damit die Kinder nicht zu lange auf ihr «Süßli» warten müssen.

Ausklang-Ruf:

Hinweis:
Es hat sich als günstig herausgestellt, dass man den Kindern nach dem Spiel eine Kleinigkeit zum Kauen in den Mund steckt. Es breitet sich in den Kindern ein physisches Behagen aus, in dem das Spielgeschehen bis in den Stoffwechsel hinein nachklingen kann. Man lasse den Kindern Zeit dazu! Danach löst sich das Spielgeschehen mit dem «Ausklang-Ruf» auf und geht mit dem Aufräumen (und eventuell dem Ausziehen des festlichen Gewandes) wieder in das Alltagsgeschehen über.

Ergänzungsspiele

1. Engel

Habt ihr es vernommen,
wer noch mitgekommen?
Die Engel, ja die Engel,
sie wollen auch beim Kinde sein!
Schweben vom hohen Himmelszelt
sachte hernieder auf die Welt.
Schweben in das Haus hinein.
Kommen zu dem Kindelein.

Der Joseph lädt sie freundlich ein:
«Kommt herein! – Kommt herein!»

Sie bringen ihre Glöckchen
mit dem gold'nen Röckchen,
spielen zart und leise
eine Engelsweise:

Tint-ting-ting-ting! – tingelingelingeling!
Tint-ting-ting-ting! – tingelingelingeling!
Tingelingelinelinge tingelingeling!
Ting! – ting! – ting! –

Die Engel halten ihre Glöckchen an,
dass man ein Weilchen nichts – gar nichts –
mehr hören kann.

Sie spielen nochmals leise
fürs Christkind ihre Weise:

Tint-ting-ting-ting! – tingelingelingeling!
Tint-ting-ting-ting! – tingelingelingeling!
Tingelingelinelinge tingelingeling!
Ting! – ting! – ting! –

Alle Glöckchen schweigen still,
weil das Kindlein ruhen will.

Maria, die sagt: «Danke!
Ihr lichten Engel: Danke!»

Da lacht das Kind, das hat es gern,
die Augen leuchten wie zwei Stern'!

[Dieses Ergänzungsspiel kann nach Kapitel 3, Opfergaben, Seite 101, eingefügt werden. Der Erzieher verweilt beim Übergang in das Ergänzungsspiel in kniender Haltung.]

Text:	Bewegungen:
1 Habt ihr es vernommen, wer noch mitgekommen?	1 Der Erzieher wendet sich noch sitzend den Kindern zu und fragt: «Habt ihr es …»
2 *(stumme Bewegung)* 	2 Dann steht der Erzieher auf und hebt die Arme mit den Handinnenflächen nach vorne in die Flügelgeste.
3 Die Engel, ja die Engel,	3 Wenn der Erzieher die Geste in Ruhe gebildet hat, spricht er: «Die Engel …»
4 sie wollen auch beim Kinde sein! *(vor)* *(rück)*	4 Die Worte mit einem leichten «Flügelschlag» begleiten: Bewegung nach vorn und nach hinten.
5 Schweben vom hohen Himmelszelt *(vor)* *(rück)* sachte hernieder auf die Welt. *(vor)* *(rück)* Schweben in das Haus hinein. *(vor)* *(rück)* (schweben – schweben …) *(vor)* *(rück)*	5 Jetzt macht der Erzieher mit erhobenen Flügeln eine Vierteldrehung (rechte Schulter zur Kreismitte). Dann «fliegt» er im Uhrzeigersinn (mitsonnig), die Kinder dürfen in freier Ordnung «mitfliegen». Die «Flügel» während des gleitenden Gehens und des Sprechens, wie angegeben, leicht vor und zurück bewegen. Da man wieder am Ausgangsplatz ankommen soll, wird es je nach Raumgröße und Kinderzahl notwendig sein, das Wort «schweben» noch einige Male zu wiederholen und die Flügel dazu zu bewegen.

6 Kommen zu dem Kindelein.

6 Langsam (nicht abrupt) stehen bleiben, Vierteldrehung, Gesicht zur Mitte. Ein Weilchen mit erhobenen Flügeln stehen.

7 Der Joseph
lädt sie freundlich ein:

7 Der Erzieher legt seine Hände locker auf die obere Brust. Dann breitet er seine Arme zum Empfang aus, jedoch nicht zu weit und zu schräg nach vorne. Dabei eine leichte Verbeugung machen.

8 «Kommt herein! – Kommt herein!»

8 Der Erzieher führt seine Hände zweimal im großen Bogen zum Körper, so wie wenn er jemanden zu sich rufen möchte.

9 *(stumme Bewegung)*

9 Dann führt er die Arme neben dem Körper herunter.
Er holt das bereitgestellte, zugedeckte Körbchen mit dem Glöckchen am Ring. Er hält es für alle sichtbar hoch und schüttelt es ein wenig. Alle horchen auf das feine Klingen. Dann nimmt der Erzieher das Tuch ab und spricht:

10 Sie bringen ihre Glöckchen

10 Bei «Glöckchen» nimmt der Erzieher ein solches, es am Ring fassend, aus dem Korb und hält es für alle sichtbar hoch.

11 mit dem gold'nen Röckchen,

11 Dann führt er es in einem Bogen von links nach rechts, er zeigt es allen Kindern.

12 *(stumme Bewegung)*

12 Jetzt hält der Erzieher das Glöckchen etwa auf Kopfhöhe und schüttelt (läutet) es leicht.

13 spielen zart und leise

13 Nachdem das Glöckchen verklungen ist, spricht der Erzieher: «spielen zart …»

14 *(stumme Bewegung)*

14 Er läutet das Glöckchen wieder zart und leicht.

15 eine Engelsweise.

15 Nachdem das Glöckchen verklungen ist, spricht der Erzieher: «eine Engelsweise».

16 Ich teile jetzt die Glöckchen aus,
für jeden nehm' ich eins heraus.

16 Der Erzieher schüttelt noch einmal das Körbchen und spricht dann: «Ich teile jetzt …»

17 Für den … für die …

17 Dabei geht er im Uhrzeigersinn im Kreis umher und teilt die Glöckchen aus. (Je nach Gegebenheit kann man die Kinder auffordern: «Jeder nimmt sich eins heraus: der … die …» etc.)

Hinweis:
Das Austeilen der Glöckchen wird in künstlerisch gestalteter Form in den Spielablauf mit einbezogen, sodass das Gesamtgeschehen dadurch nicht unterbrochen wird. Bei mehr als fünfzehn Kindern ist es ratsam, ein zweites Körbchen zu haben, aus dem eine weitere Person die Glöckchen am Ring verteilt. Man sagt zum Beispiel: «Und die/den … ich schön bitt', hilf mir beim Verteilen mit! Du fängst dort an und ich hier, jetzt beginnen wir.» Kinder, die in die Schule kommen, übernehmen sehr gerne solche Aufgaben. Damit der soziale Friede nicht gestört wird, ist es ratsam, vor Spielbeginn auszuzählen, wer von den Schulkindern diese Aufgabe übernehmen darf. Das ist eine objektive Regelung, die die Kinder akzeptieren und ungute Stimmungen wie Trauer oder Neid vermeidet. Die jüngeren Kinder, die auch gerne eine Sonderaufgabe ausführen möchten, kann man darauf hinweisen, dass die Schulkinder zum letzten Mal dabei sind.
Beispiele für Auszählverse: «Pan-pen-pu – dran bist du!» oder: «Pin-pin-pan – wer ist dran? Pan-pen-pu – dran bist du!» Wenn jedes Kind ein Glöckchen hat und die Körbe weggestellt sind, beginnt das Spiel. Da die Kinder während des Austeilens schon mit dem Glöckchen spielen, kann man sie wie folgt zur Ruhe bringen:

18 *(stumme Bewegung)*

18 Der Erzieher hält sein Glöckchen etwa auf Kopfhöhe und schüttelt es kräftig, sodass alle Kinder darauf aufmerksam werden.

19 Die Engel halten ihre Glöckchen an,

19 Mit der freien Hand groß ausholend, umschließt er das Glöckchen, während er den Text spricht: «Die Engel halten ihre …»

20 *(stumme Bewegung)*	20 Dann führt der Erzieher das umfasste Glöckchen an das rechte Ohr und horcht.
21 dass man ein Weilchen nichts – gar nichts – mehr hören kann.	21 Er hält es ganz ruhig am Ohr und spricht: «dass man …» Bei «gar nichts mehr hören kann» schüttelt er verneinend den Kopf.

Spiel mit den Glöckchen

Text:	Bewegungen:
1 Fürs Kindelein	1 Der Erzieher führt seine rechte Hand, mit der er das Glöckchen am Ring hält, in Richtung auf das Kind zu. Das Glöckchen eine Weile nah beim Kind halten.
2 spielen sie fein:	2 Jetzt holt der Erzieher das Glöckchen wieder näher zu sich.
3 Ting-ting-ting-ting! • • • •	3 Mit dem linken Zeigefinger tupft er nun gegen das baumelnde Glöckchen. Für jeden Tupfer «•» muss er sich genügend Zeit lassen. Zeitgleich mit dem Antupfen des Glöckchens spricht der Erzieher das «Ting». (Eventuell kann er nach jedem Tupfer das Glöckchen etwas hochnehmen und wieder herunterführen und dann erneut tupfen.)
4 Tingelingelingelingeling! ∧∧∧∧∧∧∧∧∧∧∧∧∧∧∧∧	4 Solange der Erzieher das «Tingelingelingelingeling» spricht, schüttelt er das Glöckchen leicht und lebhaft in Richtung zum Kind, danach nimmt er es wieder näher zu sich zum Tupfen.
5 Ting-ting-ting-ting! • • • •	5 Wie oben bei 3.
6 Tingelingelingelingeling! ∧∧∧∧∧∧∧∧∧∧∧∧∧∧∧∧	6 Wie oben bei 4.

7 Tingelingelingelinge tingelingeling!	7 Wie oben bei 4. Nach dem letzten «…ling» holt der Erzieher das Glöckchen wieder zu sich heran zum Tupfen.
8 Ting – ting – ting! • • •	8 Jetzt führt der Erzieher das Tupfen in zeitlich größerem Abstand aus. Gegebenenfalls das Glöckchen nach dem Tupfen etwas höher führen. (Tupfen die Kinder mit der Zeit auch mit anderen Fingern, lasse man sie gewähren.)
9 Die Engel halten ihre Glöckchen an,	9 Mit seiner linken Hand umfasst der Erzieher das baumelnde Glöckchen.
10 *(stumme Bewegung)*	10 Das umfasste Glöckchen führt er jetzt an sein Ohr und horcht.
11 dass man ein Weilchen nichts –	11 Der Erzieher hält das Glöckchen ganz ruhig am Ohr und spricht leise nebenstehenden Text.
12 gar nichts – mehr hören kann.	12 Er horcht nochmals und spricht kopfschüttelnd.
13 Sie spielen nochmals leise fürs Christkind ihre Weise:	13 Der Erzieher löst seine linke Hand vom Glöckchen. Er führt es nach vorne in Richtung Kind. Bei «ihre Weise» holt er es wieder näher zu sich in Spielhaltung.
14 Ting-ting-ting-ting … etc. • • • •	14 Hier wiederholt der Erzieher den gesamten Ablauf von 3 bis 8, siehe oben.
15 Alle Glöckchen schweigen still,	15 Der Erzieher umfasst das baumelnde Glöckchen mit seiner linken Hand …
16 weil das Kindlein ruhen will.	16 und legt beide Hände mit dem umfassten Glöckchen auf das Brustbein.

17 Drum sammle ich die Glöckchen wieder ein,
sie kommen alle in den Korb hinein.
Oder: Jeder legt seines in den Korb hinein.
Danke schön!

17 Der Erzieher holt das Körbchen und geht umher, um die Glöckchen einzusammeln. (Bei mehr als fünfzehn Kindern gilt für das Einsammeln das Gleiche wie für das Austeilen, siehe dafür den Hinweis auf S. 113.)

18 Mit dem Tuch deck' ich das Körbchen zu,
die Glöckchen halten drunter Ruh'.

18 Er deckt den Korb (die Körbe) mit dem Tuch zu und stellt ihn (sie) weg.

19 Maria, die sagt: «Danke!

19 Der Erzieher setzt sich in den tiefen Fersensitz und kreuzt die Unterarme über der Brust, der Körper wird von den Armen nicht berührt. Bei «Danke!» verneigt er sich in der Marienhaltung.

20 Ihr lieben Engel: Danke!»

20 Die Symbolgeste der Maria beibehalten, sich aufrichten und nochmals verneigen bei «Danke!»

21 Da lacht das Kind, das hat es gern,

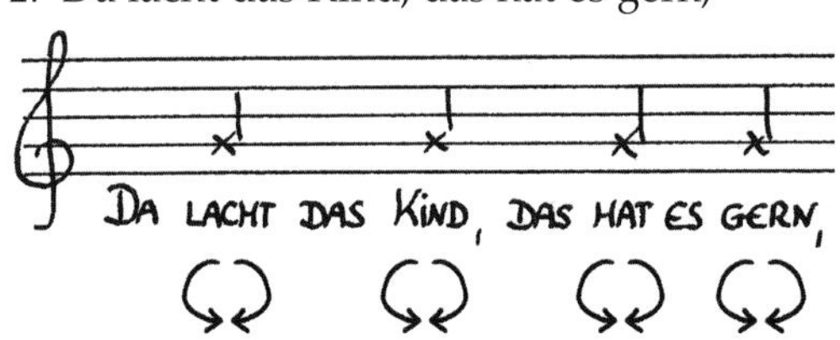

21 Im Sprachrhythmus wie links angegeben leicht und federnd klatschen. Die Hände nach dem Klatschen jedes Mal im kleinen Bogen über oben führen.

22 die Augen leuchten wie zwei Stern'!

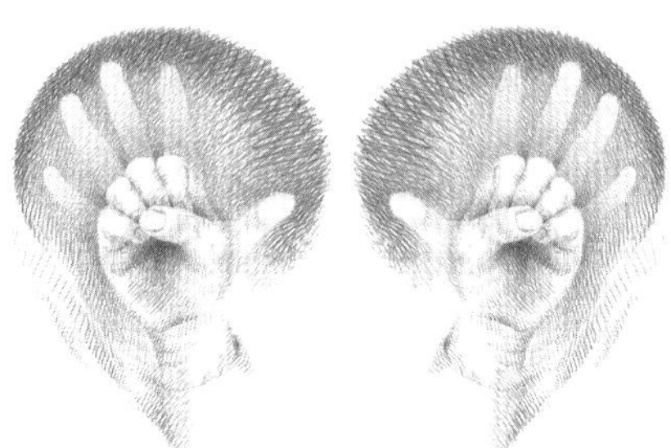

22 Der Erzieher spreizt seine Hände und Finger in Augenhöhe, die Innenflächen zum Betrachter gewendet, und bewegt sie leicht nach vorne. Bei «wie» die Finger locker einrollen und die Hände etwas zurücknehmen. Bei «Stern» erneut die Finger spreizen. Ein Glitzern, ein Blinken soll dadurch angedeutet werden.

[Man kann anschließen: Spielabschluss wie beim Kernspiel: Heimkehr, Seite 102, Einwiegen, Seite 104, Es ist aus, Seite 107, oder ein weiteres Ergänzungsspiel einfügen.]

2. Die Vögelein

Habt ihr es vernommen,
wer noch mitgekommen?
Die Vögel, ja die Vögelein,
sie wollen auch beim Kinde sein.
Als die drei Weisen hergezogen,
sind sie alle mitgeflogen.

Der Joseph lädt sie freundlich ein:
«Kommt herein – kommt herein!»
Sie setzen sich zum Kindelein – singen leis':

Ziwitsch – ziwitsch – piep – piieep.
Ziwitsch – ziwitsch – piep – piieep.
Jesuskind, ich hab dich lieb!
Ziwitsch – ziwitsch – piep – piieep.
Ziwitsch – ziwitsch – piep – piieep.

Maria, die sagt: «Danke!
Danke!»
Da lacht das Kind, das hat es gern,
die Augen leuchten wie zwei Stern'.

Text:	Bewegungen:
1 Habt ihr es vernommen, wer noch mitgekommen?	1 Der Erzieher wendet sich an die Kinder, die je nach vorangegangenem Spiel im Kniesitz auf dem Boden sind oder in einem lockeren Kreis stehen. Er fragt die Kinder (siehe Text links).
2 Die Vögel, ja die Vögelein, 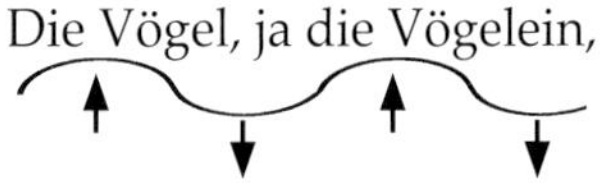	2 Der Erzieher hebt seine Arme und führt leichte Flugbewegungen aus, dazu spricht er fast singend. Den Flügelschlag wie links eingezeichnet auf den Text verteilen.
3 sie wollen auch beim Kinde sein.	3 Mit beiden Händen, Handinnenflächen nach oben, deutet der Erzieher auf das Kind auf dem «Thron».
4 Als die drei Weisen 	4 Der Erzieher stellt sich königlich aufrecht hin. Seine Hände legt er oberhalb der Schläfen an den Kopf, die Finger sind leicht gespreizt und leicht gebeugt als «Krone».

5 hergezogen,

5 Mit beiden Händen macht der Erzieher von weit vorne zum Körper hin eine Bewegung: wie etwas zu sich herwinken.

6 sind sie alle mitgeflogen.

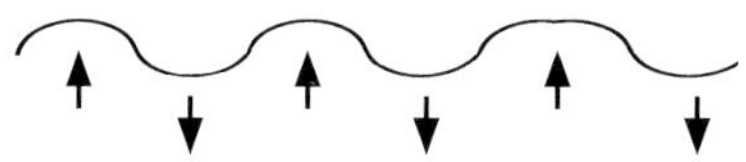

stumme Bewegung

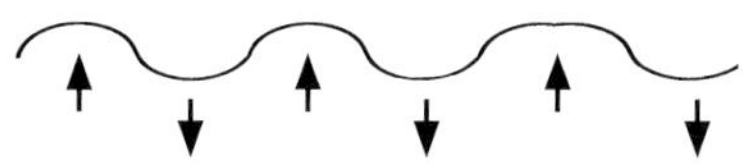

6 Der Erzieher führt leichte Flugbewegung aus. Der Bewegungsansatz ist für die Auf- und die Abbewegung im Ellenbogen, die Unterarme und die Hände schwingen locker mit. Der Erzieher dreht sich mit der rechten Schulter zur Kreismitte und «fliegt» im Uhrzeigersinn, ungefähr auf der Kreisbahn. Die Kinder folgen in lockerer Ordnung.

7

Es fliegen – fliegen – fliegen

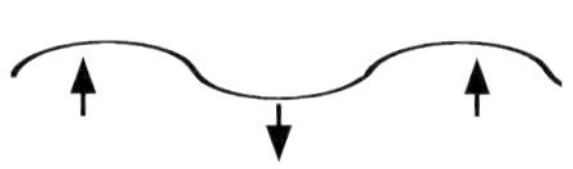

all die Vögelein.

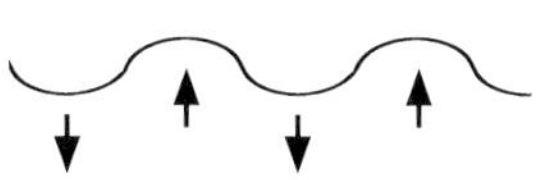

7 Zur Vorbereitung für das Singen den Ton a' anstimmen. Dann wird das Lied beim Umherfliegen gesungen. Die Kinder ahmen die Flugbewegungen nach, so gut sie es vermögen. Eine Übereinstimmung mit dem musikalischen Rhythmus ist bei den Kindern nicht notwendig. Der Erzieher muss seinen «Flügelschlag» in Übereinstimmung mit dem Liedtext ausführen.

8 Sie fliegen – fliegen – fliegen

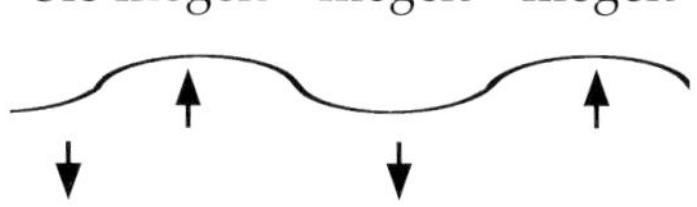

8 Der Erzieher sollte das Flügelschlagen wie angegeben der Melodie folgend gleichmäßig rhythmisch ausführen. Die Füße laufen frei gleitend darunter. Er sollte anstreben, wieder auf seinem Platz anzukommen.

9 zu dem Kindelein. – –

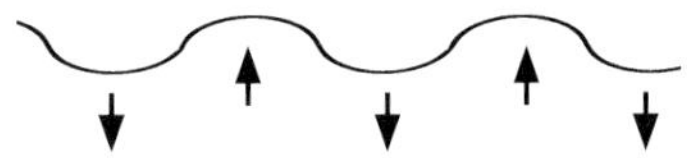

9 Wie angegeben weiterfliegen. Bei Bedarf kann «sie fliegen – fliegen» entsprechend oft wiederholt werden.

10 Fliegen – fliegen – fliegen in das

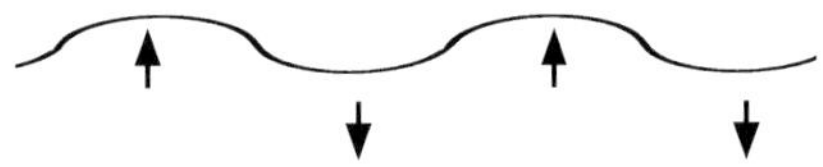

10 Ausführen wie Seite 119, 8.

11 Haus hi – nein,

11 Bei «Haus hi-nein» dreht sich der Erzieher mit einem großen Flügelschlag wieder zur Kreismitte.

12 ins Haus hinein.

12 Beim zweiten «ins Haus hinein» deutet der Erzieher ruhig stehend ein Dach an.

13 Kommen zu dem Kindelein.

13 Mit beiden Händen, Handinnenflächen nach oben, deutet der Erzieher auf das Kind.

14 Der Joseph lädt sie freundlich ein:

14 Der Erzieher legt seine Hände locker auf die obere Brust. Dann breitet er seine Arme zum Empfang aus, jedoch nicht zu weit und zu schräg nach vorne. Dabei eine leichte Verbeugung machen.

15 «Kommt herein – kommt herein!»

15 Der Erzieher führt seine Hände zweimal im großen Bogen zum Körper, so wie wenn er jemanden zu sich rufen möchte.

16 *(stumme Bewegungsvorbereitung)*

16 Umstellung auf die Handgeste für das Vögelein:

17 Sie setzen sich zum Kindelein

17 Der Erzieher hält seinen linken Zeigefinger waagerecht auf Brusthöhe als Zweiglein. Darauf setzt er (bei dem Wort: Kindelein) das Handgelenk seiner rechten, zur lockeren Faust geformten Hand. Aus der Faust heraus streckt er den Daumen und den Zeigefinger, die sich mit den Fingerkuppen berühren. Dieser Spielabschnitt kann im Stehen, im Kniestand oder auf dem Hocker sitzend gespielt werden.

18 singen leis':

18 Das «Vöglein» macht eine leichte Verneigung zum Kind auf dem Thron.

19 Ziwitsch – ziwitsch – piep – piieep.
> > >

19 Der Erzieher öffnet und schließt das Schnäbelchen exakt auf die angegebenen Zeichen.

20 Ziwitsch – ziwitsch – piep – piieep.
> > >

20 Die Schnabelöffnung variiert: bei > öffnet der Erzieher den Schnabel weit, bei > öffnet er ihn nur wenig.

21 Jesuskind, ich hab dich lieb.
> > > >

21 Der Erzieher spricht nicht monoton oder in Rufterzen, er gestaltet das Rufen der Vögelchen in verschiedenen Tonhöhen. Zum Beispiel: «Jesuskind, ich hab» mit herabsinkender Stimme und «dich lieb» erst hell, dann dunkel.

22 Ziwitsch – ziwitsch – piep – piieep.
> > >

22 Das «Ziwitsch – ziwitsch» kann der Erzieher beispielsweise auf gleicher Tonhöhe rufen, das «piep – piieep» einmal hoch und einmal tief.

23 Ziwitsch – ziwitsch – piep – piieep.
> > >

23 Beim Wiederholen kann die Sprachmelodie nochmals variieren.

24 Maria, die sagt: «Danke!

24 Im tiefen Fersensitz macht der Erzieher die Symbolgeste für die Maria: Die Unterarme locker über der Brust überkreuzen. Bei «Danke!» sich in der Marienhaltung verneigen, siehe Seite 116, 19.

25 Danke!»

25 Der Erzieher behält die Symbolgeste der Maria bei, er richtet sich auf und verneigt sich erneut beim zweiten «Danke!».

26 Da lacht das Kind, das hat es gern,

26 Der Erzieher klatscht leicht und federnd im Sprachrhythmus; nach jedem Klatscher führt er die Hände in einem kleinen Bogen über oben, siehe Seite 116, 21.

27 die Augen leuchten wie zwei Stern'.

27 Er spreizt seine Hände und Finger in Augenhöhe, die Innenflächen zum Betrachter gewendet, und bewegt sie leicht nach vorne. Bei «wie» die Finger locker einrollen und die Hände etwas zurücknehmen. Bei «Stern» erneut die Finger spreizen. Ein Glitzern, ein Blinken soll damit angedeutet werden, siehe Seite 116, 22.

Hinweis:
Soll das Spiel hier beendet werden, folgt jetzt der Spielschluss: «Heimkehr», Seite 102, «Einwiegen», Seite 104, «Es ist aus», Seite 107.

3. Kinder

Habt ihr es vernommen,
wer noch mitgekommen?
Die Kinder – ja, die Kinder!

Alle Kinder groß und klein
wollen auch beim Kinde sein.
Als die Könige kamen zu dritt,
kamen auch die Kinder mit.
Die Kinder – die Kinder,
die kamen alle mit.

Die Kinder – die Kinder,
alle mitgekommen sind,
sie wollen auch zum Jesuskind.

Der Joseph lädt sie freundlich ein:
«Kommt herein! – Kommt herein!»
Sie knien vor dem Knaben
und bringen ihre Gaben.
Schenken ihm den Kristall,
leuchtend wie ein Stern im All.
Eine Rose haben sie mitgebracht,
die blüht in der heiligen Winternacht.
Den Kristall
und eine Rose,
diese schönen Gaben
geben sie dem Knaben.

Maria, die sagt: «Danke!
Danke!»
Da lacht das Kind, das hat es gern,
die Augen leuchten wie zwei Stern'.

Text:	Bewegungen:
1 Habt ihr es vernommen, wer noch mitgekommen?	1 Der Erzieher wendet sich fragend an die Kinder, die je nach vorangegangenem Spiel im Kniesitz oder im Kniestand sind, im lockeren Kreis stehen oder auf dem Hocker sitzen.
2 Die Kinder, ja – die Kinder!	2 Der Erzieher legt seine beiden Hände etwa in Magenhöhe flach auf seinen Körper, dabei nickt er zweimal leicht: Mit dieser Geste weist man auf sich selbst hin.
3 Alle Kinder groß und klein	3 Jetzt nimmt der Erzieher seine Hände hoch und legt sie auf imaginäre Kinderköpfe auf, bei «groß» knapp unter dem eigenen Kopf, bei «klein» etwa in Hüfthöhe.
4 wollen auch beim Kinde sein.	4 Mit beiden Händen deutet der Erzieher zum Kind auf dem Thron, die Handinnenflächen zeigen dabei nach oben.

5 Als die Könige kamen zu dritt,

5 Der Erzieher legt seine Hände oberhalb der Schläfen an den Kopf, die Finger sind leicht gespreizt und leicht gebeugt als «Krone».

6 kamen auch die Kinder mit.

6 Jetzt löst er die Kronengeste auf, macht eine Vierteldrehung, sodass die rechte Schulter zur Kreismitte zeigt, und geht in Uhrzeigerrichtung los. Die Kinder folgen in loser Ordnung, also nicht exakt hintereinander auf der Kreislinie.

7 Die Kinder – die Kinder,
die kamen alle mit.
Die Kinder – die Kinder,
alle mitgekommen sind,

7 Der Erzieher geht in einem mittleren Tempo und spricht frei über dem Gehen, das heißt, Sprachrhythmus und Schrittrhythmus sollten nicht ständig zusammenfallen, da sonst ein unerwünschtes «Marschieren» entsteht. Es ist anzustreben, dass der Erzieher wieder an seinem Ausgangspunkt ankommt. Entsprechend oft kann bei Bedarf der Text wiederholt werden. Dann das Gehtempo verlangsamen und zum Stehen kommen.

8 sie wollen auch zum Jesuskind.

8 Jetzt dreht sich der Erzieher mit dem Gesicht wieder zur Kreismitte und deutet bei «Jesuskind» mit beiden Händen auf das Kind.

9 Der Joseph lädt sie freundlich ein:

9 Der Erzieher legt seine Hände locker auf die obere Brust. Dann breitet er seine Arme zum Empfang aus, jedoch nicht zu weit und zu schräg nach vorne. Dabei eine leichte Verbeugung machen, siehe Abb. Seite 120, 14.

10 «Kommt herein! – Kommt herein!»

10 Der Erzieher führt seine Hände zweimal im großen Bogen zum Körper, so wie wenn er jemanden zu sich rufen möchte.

11 Sie knien vor dem Knaben

11 Jetzt lässt sich der Erzieher langsam in den Kniestand (auf beide Knie) herunter.

12 und bringen ihre Gaben.

12 Er bildet mit seinen Händen eine Schale.

13 Schenken ihm den Kristall,

13 Dann macht er seine Hände vor der Brust zu Fäusten, die er an den mittleren Fingergliedern und an den Handwurzeln zusammenlegt, die Daumen berühren sich leicht. Sie bilden zusammen den «Kristall».

14 leuchtend wie ein Stern im All.
a) b) c) d)

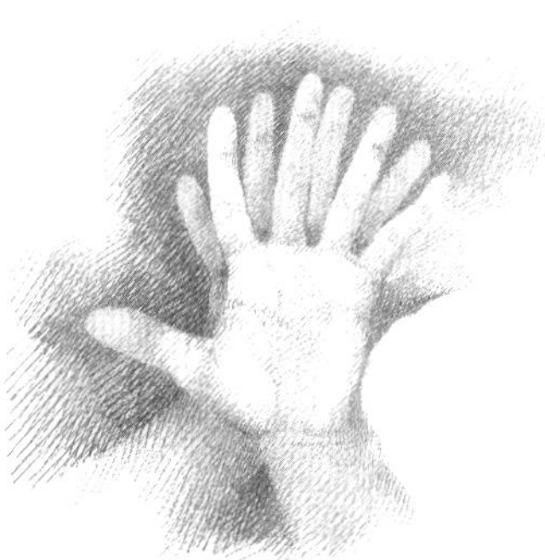

e) *(stumme Bewegung)*

14 a) Der Erzieher öffnet die Fäuste und hält die Hände immer noch auf Brusthöhe nebeneinander mit gespreizten Fingern, die Handinnenflächen zeigen zum Betrachter.

b) Jetzt schiebt der Erzieher seine Hände mit den gespreizten Fingern voreinander, die rechte Hand ist vorn, die linke ist hinter der rechten.

c) Bei «Stern» schiebt der Erzieher die gespreizten Finger der linken Hand durch die Lücken der gespreizten Finger der Rechten. Alle Finger und die Daumen, die seitlich abstehen, zeigen viele leuchtende Strahlen.

d) Den strahlenden Stern führt der Erzieher nun langsam senkrecht hoch, bis knapp über den Kopf, und lässt ihn ein Weilchen leuchten.

e) Stumm führt er dann den leuchtenden Stern mit ruhiger Bewegung wieder herunter.

15 Eine Rose haben sie mitgebracht,

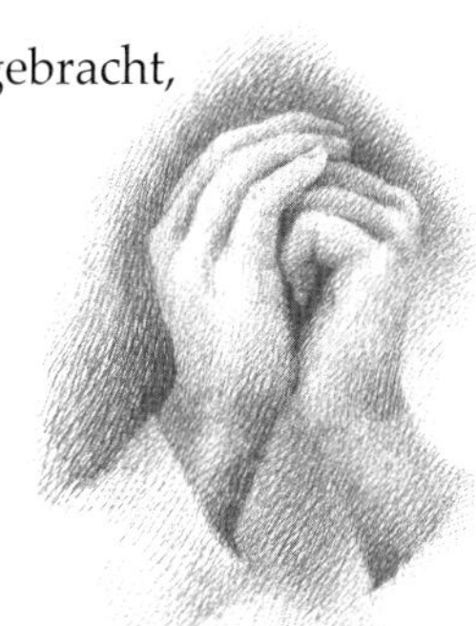

15 Für die Rosenknospe legt der Erzieher vor der Brust seine rechte Hand leicht über die lockere linke Faust, wie ein Blütenblatt.

16 die blüht in der heiligen Winternacht.

16 Der Erzieher öffnet beide Hände sehr langsam, auch den Text spricht er gedehnt, und erst bei «Winternacht» ist die Blüte offen. Die Handwurzeln berühren sich, die Finger sind leicht gebogen. Ein Weilchen so halten.

17 Den Kristall

17 Der Erzieher zeigt nochmals den Kristall wie oben bei 13 und wiederholt dann stumm die Gebärden von 14 a, b, c, d, e (siehe dort).

18 und eine Rose,

18 Bei den Worten «und eine Rose» formt der Erzieher noch einmal die Rosenknospe, siehe Seite 125, 15, und wiederholt dann stumm das Öffnen der Knospe, siehe 16. Er lässt sich dafür viel Zeit.

19 diese schönen Gaben,

19 Der Erzieher bildet mit seinen Händen wieder eine Schale wie Seite 125, 12.

20 geben sie dem Knaben.

20 Die «Schale» führt er bis auf den Boden herunter und geht dabei gleichzeitig in den Fersensitz.

21 Maria, die sagt: «Danke!

21 Der Erzieher macht im tiefen Fersensitz die Symbolgeste für die Maria: die Unterarme über der Brust überkreuzen. Bei «Danke!» verneigt er sich in der Marienhaltung.

22 Danke!»

22 Er behält die Symbolgeste der Maria bei, richtet sich auf und verneigt sich erneut beim zweiten «Danke!»

23 Da lacht das Kind, das hat es gern,

23 Dann klatscht er leicht und federnd im links markierten Sprachrhythmus; nach jedem Klatscher führt er die Hände in einem kleinen Bogen über oben.

24 die Augen leuchten wie zwei Stern'.

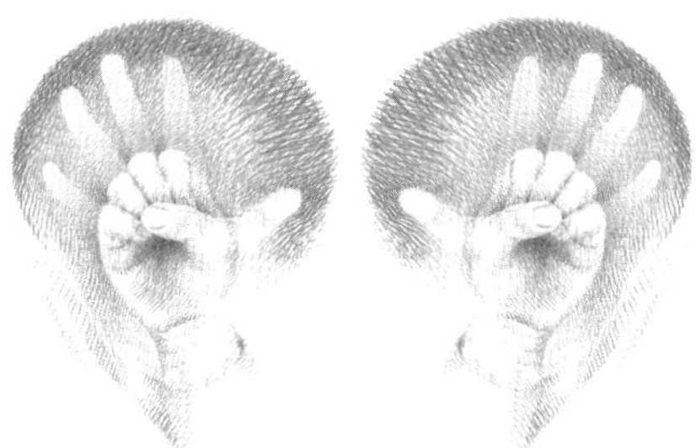

24 Dann nimmt der Erzieher seine Hände mit gespreizten Fingern in Augenhöhe, die Innenflächen zum Betrachter gewendet, und bewegt sie leicht nach vorne. Bei: «wie» die Finger locker einrollen und die Hände etwas zurücknehmen. Bei: «Stern» erneut die Finger spreizen.

Hinweis:
Wenn die ersten drei Ergänzungsspiele (1. Engel, 2. Die Vögelein und 3. Kinder) gespielt worden sind, kann hier das Ergänzungsspiel «Gemeinsame Andacht» folgen. Dann sind die Engel, die Vögel und die Kinder mit den drei Königen zur gemeinsamen Andacht vor dem Königskind versammelt. Wurden nur ein oder zwei der ersten drei Ergänzungsspiele gemacht, geht man hier direkt zu den Kapiteln: «Heimkehr», Seite 102, «Einwiegen», Seite 104, «Es ist genug», Seite 107.

4. Gemeinsame Andacht

Die Engel ihre Flügel halten.
Die Kinder ihre Hände falten.
Die Vögel ihre Köpfchen neigen – neigen.
Die Weisen ihre Knie beugen.
In Andacht ehren sie das königliche Kind,
zu dem sie heut' gekommen sind
mit dem hellen Stern –
von fern.

Text:	Bewegungen:
1 Die Engel ihre Flügel halten.	1 Der Erzieher steht auf und nimmt die Arme als Flügel in die Höhe. Die Flügel ein Weilchen halten.
2 Die Kinder ihre Hände falten.	2 Jetzt legt der Erzieher seine Hände vor der Brust mit den Handinnenflächen locker zusammen, und nur die oberen Fingerglieder kreuzen sich.
3 Die Vögel ihre Köpfchen neigen – neigen.	3 Der Erzieher setzt seine rechte Hand als «Vögelchen», siehe Abb. Seite 121, 17, auf den Zeigefinger, den er waagerecht aus der linken Faust streckt. Dann neigt er jeweils bei «nei …» das Vogelköpfchen, und jeweils bei «… gen» holt er es zurück in die Ausgangsstellung.
4 Die Weisen ihre Knie beugen.	4 Die nur wenig überkreuzten Arme auf die Brust legen. Bei «Knie» den rechten Fuß etwas vorstellen und mit Beibehalten der gekreuzten Arme das rechte Knie ein wenig beugen und sich leicht verneigen.
5 In Andacht	5 Den Fuß im Sich-Aufrichten wieder zurücknehmen und neben den linken Fuß stellen, dabei die Hände und Arme über der Brust gekreuzt lassen.
6 ehren sie das königliche Kind,	6 Mit auf der Brust überkreuzten Armen sich tief verneigen.

7 zu dem sie heut' gekommen sind

7 Sich langsam aufrichten, dabei die gekreuzten Arme von der Brust nehmen und bei «gekommen» neben den Körper führen, Innenflächen nach vorne.

8 mit dem hellen Stern –

8 Mit beiden Händen auf den Stern hinter dem «Thron» deuten. Ein Weilchen so halten.

9 von fern.

9 Mit den erhobenen Händen im großen Bogen nach vorn in die Ferne deuten.

[Hier folgt die «Heimkehr mit Engelsgeleit», Seite 102, «Einwiegen des Kindes», Seite 104 und der «Es ist aus», Seite 107.]

5. Die Heiligen Drei Könige rasten unter dem Palmenbaum

Angekommen im Morgenland
halten sie alle Rast.
Die Heiligen Drei Könige,
unter dem Palmenbaum,
unter dem Palmenbaum halten sie Rast.
Der Engel hütet ihren Traum.
Er nimmt seine Himmelsharfe
und spielt leis' für sie
eine Traummelodie.

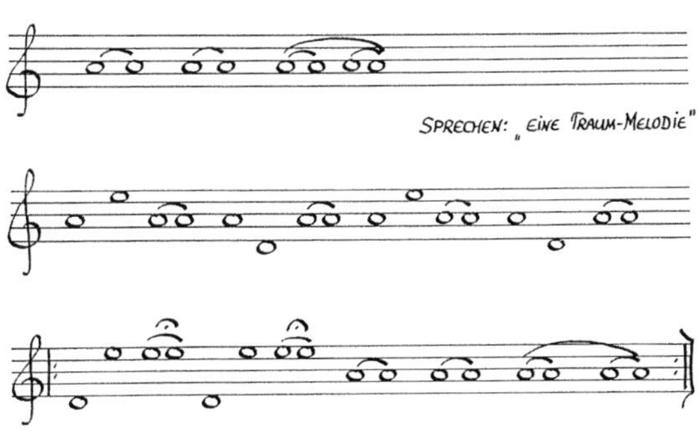

Wovon träumen sie denn?
Sie träumen von Bethlehem,
von dem Haus,
aus dem sie dankbar zogen hinaus,
zurück – ins Morgenland.

In Bethlehem im Haus
so müde ward das Kindelein,
Maria singt und wiegt es ein.

Dieses Ergänzungsspiel kann am Ende von Kapitel 4 «Heimkehr», siehe Seite 103, eingefügt werden. Anmerkung zur Choroi-Kinderharfe siehe Seite 134.

Text:	Bewegungen:
1 *(stumm)*	1 Der Erzieher kommt mit zu «Flügeln» erhobenen Armen langsam zum Stehen. Er wartet ab, bis alle Kinder zum Stehen gekommen sind.

2 Angekommen im Morgenland	2 Der Erzieher zeigt mit beiden Händen im hohen Bogen nach links, in Richtung Westen.
3 halten sie alle Rast.	3 Jetzt löst der Erzieher die Engelsgeste auf, er führt seine Arme herunter neben den Körper und neigt leicht seinen Kopf bei dem Wort «Rast».
4 Die Heiligen Drei Könige,	4 Der Erzieher bildet mit seinen Händen die Königskrone auf seinem Kopf.

5 unter dem Palmenbaum,

5 Der Erzieher erhebt seine Arme, er nimmt die Ellenbogen hoch und lässt die Hände etwas nach vorn hängen, wie hängende Palmwedel. Diese Geste nicht zu hoch vormachen, da die Kinder das noch nicht leisten können.

6 unter dem Palmenbaum
halten sie Rast.

6 Der Erzieher behält die Palmgeste bei und schwingt im Oberkörper etwas vor und zurück, als ob ein leichter Wind die Zweige bewegt. Jetzt nimmt der Erzieher die Arme herunter und geht dabei gleichzeitig langsam in den Kniestand. Die Arme hängen neben dem Körper. Bei «Rast» neigt er leicht den Kopf.

7 Der Engel hütet ihren Traum.

7 Im Kniestand verharrend, erhebt der Erzieher seine Arme zur Engelgeste, siehe Seite 130, 1. Bei «hütet» bewegt der Erzieher die «Flügel» etwas nach vorn, sodass eine behütende, schützende Gebärde entsteht; diese hält er eine Weile. Jetzt setzt sich der Erzieher in den Kniesitz, er nimmt seine Hände an die Wangen und schmiegt bei dem Wort «Traum» das leicht aufwärts gerichtete Gesicht in die Hände, die Augenlider sind dabei gesenkt. Die Geste eine Weile beibehalten.

8 Er nimmt seine Himmelsharfe

8 Der Erzieher nimmt die bereitgelegte Choroi-Kinderharfe in die Hände. Er begibt sich mit der Harfe in Spielhaltung; das kann im Kniesitz, im Schneidersitz oder auf einem Hocker bzw. Stuhl sein. Dann zupft er dreimal behutsam die Saite a′.

9 und spielt leis' für sie

9 Solange der Erzieher die Worte «eine Traummelodie» spricht, legt er seinen leicht geneigten Kopf mit der rechten Wange in seine rechte Hand.

10 eine Traummelodie.

10 Dann spielt er die Traummelodie (siehe Noten). Nach jedem Ton erhebt er seine Hand, den «schwebenden» Ton mit der «Handgeste»

zeigend. Dabei horcht er dem klingenden Ton nach, er macht so für die Kinder das «Klanggeschehen» auch in der physischen Geste wahrnehmbar. Nachdem der letzte Ton verklungen ist, legt der Erzieher die Harfe langsam, behutsam und geräuschlos weg.

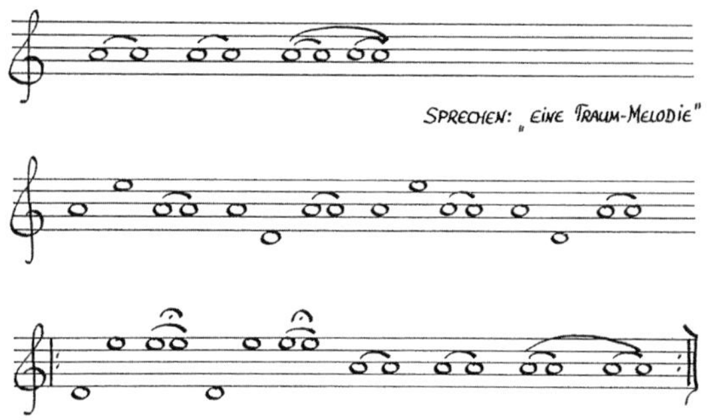

11 Wovon träumen sie denn?

11 Nachdem der Erzieher die Harfe geräuschlos weggelegt hat, macht er in aller Ruhe noch mal die Traumgeste: das leicht aufwärts gerichtete Gesicht mit halb geschlossenen Augenlidern in die Hände schmiegen. Er verharrt in dieser Geste im Kniesitz ein Weilchen. Dann stellt er leise die Frage: «Wovon träumen …?»

12 Sie träumen von Bethlehem,

12 Nachdem der Erzieher die Frage gestellt hat, bleibt er immer noch in der Traumgeste mit abgesenkten Augenlidern.

13 von dem Haus,

13 Jetzt öffnet er die Augen, erhebt sich in den Kniestand und führt dabei die Arme im Bogen über außen nach oben und

14 aus dem sie dankbar zogen hinaus,

14 schließt die Finger über dem Kopf zu einem Dach.

15 zurück – ins Morgenland.

15 Der Erzieher nimmt die Hände herunter. Dann zeigt er seine offenen Hände, wie um zu sagen: Seht, das Haus ist wirklich leer! Bei «alle» nimmt er seine Hände seitlich neben den Kopf und führt sie dann im Bogen nach vorn, um in die Ferne zu deuten.

16 In Bethlehem im Haus

16 Bei dem Wort «Haus» zeigt der Erzieher wieder ein Dach mit seinen Händen.

17 so müde ward das Kindelein,

17 Der Erzieher setzt sich jetzt in den Fersensitz oder auf einen Hocker bzw. Stuhl. Während er

spricht: «so müde …», neigt er seinen Kopf und legt sein Gesicht in seine Hände; in dieser Geste verweilt er kurze Zeit.

18 Maria singt und wiegt es ein.

18 Bei «Maria singt» hebt der Erzieher seinen Kopf wieder und legt seine Hände in den Schoß. Er stimmt leise den Ton a′ an.

[Weiter im Hauptspiel Seite 104, «Wiegen des Kindes» und «Es ist aus», Seite 107.]

Zug nach Ägyptenland

Das Spiel «Zug nach Ägyptenland» kann als Abschluss für das kurze Dreikönigsspiel (Kurzspiel) und auch für das mit Ergänzungsspielen erweiterte «Großspiel» gespielt werden.

Zu Beginn des Spiels wird zunächst festgestellt, dass der helle Stern über dem Haus nicht mehr zu sehen ist und auch das Kind nicht mehr im Haus zu finden ist. In einer kurzen Rückschau werden die Kinder sodann noch einmal in das Dreikönigsgeschehen nachahmend-tätig hineingeführt, immer mit der offenen Frage: «Was ist geschehen?» Daran schließt sich der Traum des Joseph an, mit dem die Flucht nach Ägypten beginnt. Das ganze Spiel ist inhaltlich so gestaltet, dass das ursprünglich dramatische Geschehen, das die Flucht der heiligen Familie notwendig machte, nur ganz im Verborgenen erahnbar wird, sodass die Kinder völlig frei von Angst oder Trauer in das Spiel eintauchen können. Wie schon im Kapitel 4: «Gebärden im sprachlichen Geschehen» (Seite 89 ff.) beschrieben, steht im Spiel «Zug nach Ägyptenland» der lange, weite Weg im Zentrum des Geschehens. Auch hier gibt es ein Ergänzungsspiel, das bei Bedarf hinzugefügt werden kann. Dort, bei der «Rast unter dem Palmenbaum» taucht wie schon im Ergänzungsspiel 5 (Seite 129 ff.) die pentatonische Choroi-Kinderharfe auf, die mit ihrem sanften, obertonarmen Klang eine sehr befriedende Wirkung hat.

Die Requisiten des Dreikönigsspiels (Stern, Thron, Kind, Glöckchen am Ring) werden für den «Zug nach Ägyptenland» nicht mehr benötigt. Allein das festliche Gewand (die Stola) kann man den Kindern auch hier anziehen, sie werden dadurch wieder in die besondere, aus dem Alltagsgeschehen hervorgehobene Spielsituation eingestimmt.

Den Erwachsenen, die das Spiel anleiten möchten, sei ans Herz gelegt, das Spiel so objektiv als möglich, ganz aus dem Rhythmisch-Musikalischen heraus gestaltet, an die Kinder weiterzureichen.

Der Aufbau des Spiels:
Zug nach Ägyptenland

A Vorspiel
1. Vor und in dem Haus
2. Rückschau

B Hauptspiel
1. Traum und Aufbruch
2. Auf dem Weg und Ausklang

Zusatzspiel:
Die Heilige Familie rastet unter dem Palmenbaum

A Vorspiel

1. Vor und in dem Haus

Der Stern –
überm Haus von Bethlehem,
er ist nicht mehr zu sehen!
Wo mag er sein?
Kommt, wir geh'n ins Haus hinein.
Wir geh'n hinein.

O, wo ist das Kindelein?
Es ist nicht mehr zu sehen!
Das Kindelein – das Kindelein,
wo mag es sein?
Was ist in der Nacht geschehen?

2. Rückschau

Als die heil'gen Könige ihre Opfergaben,
das Gold, den Weihrauch und die Myrrhe,
hatten geschenkt dem Christuskind,
voll Dank sie wieder heimgezogen sind
ins ferne Morgenland.

Im Haus fürs müde Kindelein
Maria sang und wiegte sanft es ein:

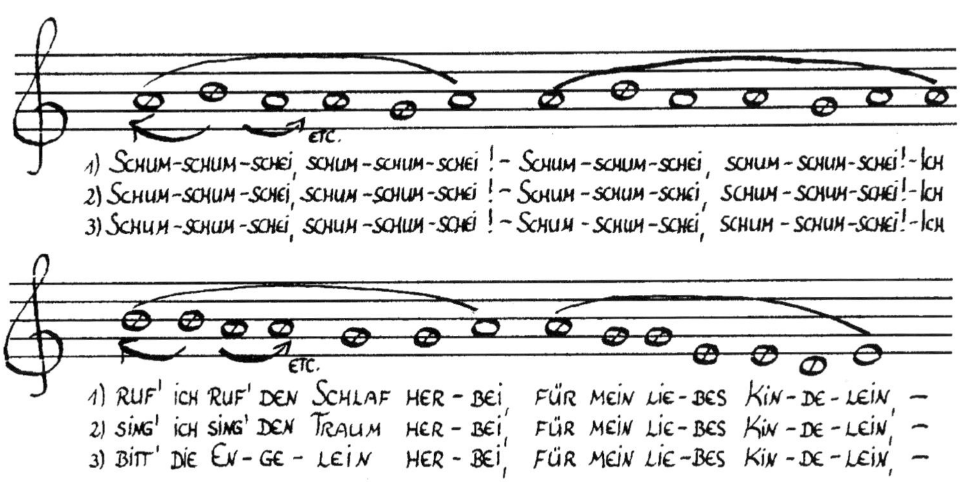

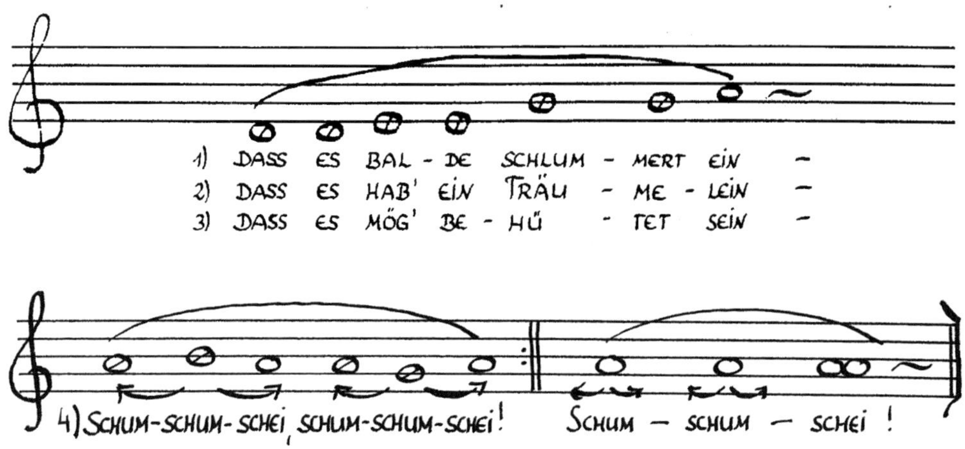

B Hauptspiel

1. Traum und Aufbruch
Maria und das Jesuskind
in der Nacht sie schliefen tief.
Auch der Joseph schlief.
Er hatte einen Traum!
Der Engel erschien ihm und rief:
«Joseph – Joseph!
Mit Maria und dem Kind
zieh' nach Ägyptenland geschwind!»

Der Joseph ist erwacht!
Er stand auf in der Nacht,
ging in die Grotte schnell hinein,
holte heraus das Eselein – das Eselein.
Maria nahm das Kind auf den Arm,
umhüllte es mit dem Tuch so warm
und setzte sich aufs Eselein.

Sie sprach:
«Bitte, trag mich mit dem Kind
nach Ägyptenland geschwind.»
Der Esel rief: «IA – IA!»
Scharrte eifrig: Schörre-schörr,
und ging daher im leichten Schritt,
und ging daher im leichten Schritt.

2. Auf dem Weg und Ausklang

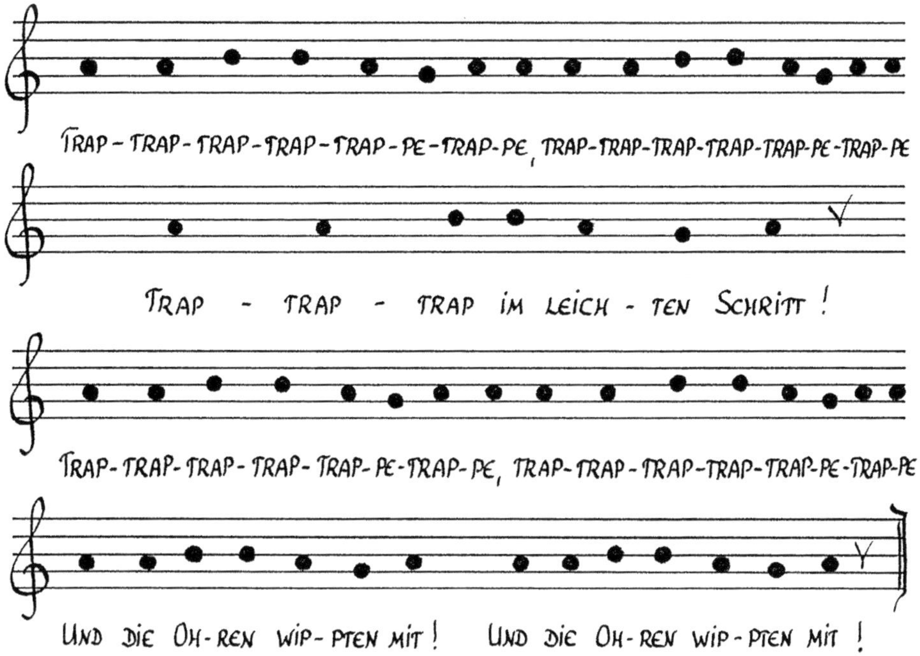

Der Joseph ging mit festem Schritt,
mit festem Schritt und festem Tritt,
mit festem Schritt und Tritt
ging der Joseph mit.

Der Engel hatte die Flügel gebreitet.
Er hat die heil'ge Familie geleitet.
Geleitete sie unerkannt
ins heilige Ägyptenland.
Geleitete – geleitete –
sie nach Ägyptenland.

In Bethlehem das Haus – ist leer!
Den Joseph, die Maria und das Kind,
wir finden sie darin nicht mehr.
Sie ziehen nach Ägyptenland!
Verlassen haben sie das Haus –
und unser Spiel ist aus!

Es ist aus.

A Vorspiel

1. Vor und in dem Haus
Text:
1 Der Stern –

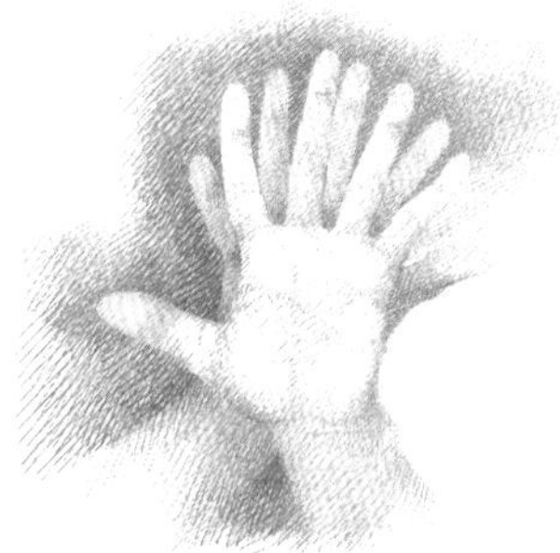

2 überm Haus von Bethlehem,

3 er ist nicht mehr zu sehen!

Bewegungen:
1 Die Kinder und der Erzieher stehen im Kreis. Für die Sterngeste schiebt er seine rechte Hand mit der Innenfläche zum Betrachter vor die Innenfläche der linken Hand. Die Finger beider Hände sind gespreizt. Wenn die Linke auf dem Handrücken der Rechten aufliegt, schiebt der Erzieher die Finger der linken Hand durch die Zwischenräume der gespreizten Finger der Rechten. Diese Geste führt er etwas über Kopfhöhe herauf und hält sie einen Augenblick.

2 Mit seinen Händen und Armen deutet der Erzieher ein Hausdach an.

3 Die Hände einem Schild gleich an die Stirn gelegt, schaut der Erzieher suchend zum Himmel.

4 Wo mag er sein?

4 Jetzt sucht der Blick des Erziehers, die Hände sind noch an der Stirn, den Himmel von links nach rechts nach dem Stern ab.

5 Kommt, wir geh'n ins Haus hinein.

5 Bei dem Wort «Kommt» nimmt der Erzieher die Hände herunter, schaut die Kinder an und winkt sie mit beiden Armen und Händen zu sich heran, als einladende Gebärde. Bei «wir geh'n ins Haus hinein» zeigt er wieder das Hausdach, wie bei 2.

6 *(stumm)*

6 Mit viel Zeit führt er seine Arme ruhig nach unten.

7 Wir gehen hinein.

7 Der Erzieher macht zwei behutsame Schritte zur Kreismitte, den ersten mit dem rechten Fuß, den zweiten mit dem linken, in Erwartung, das Kind im Haus zu finden.

8 O, wo ist das Kindelein?

8 Bei «O» weist der Erzieher erstaunt auf den Platz, wo im Königsspiel der Thron mit dem Kind stand. Bei «Wo ist das Kindelein?» führt er die Hände etwas zurück und hoch, als eine fragende Gebärde.

9 Es ist nicht mehr zu sehen!

9 Er führt die Hände beschirmend an die Stirn und schaut auf den leeren Platz.

10 Das Kindelein – das Kindelein,

10 Dann legt er die Arme umeinander und macht Wiegebewegungen, wie bei «Schum-schum-schei!», siehe Seite 104/105.

11 wo mag es sein?

11 Wieder führt der Erzieher die Hände als «Schild» an die Stirn und schaut noch einmal suchend in den Raum. Die Geste und das Sprechen muss der Erzieher im Staunen vollziehen, jedoch ohne Beimischung von emotionalen Äußerungen wie Schreck oder Trauer.

12 Was ist in der Nacht geschehen?

12 Der Erzieher legt die Hände vor der Brust zusammen und fragt.

[An dieser Stelle kann man direkt zum Hauptspiel Seite 142 übergehen. Mit dem Spielteil «Rückschau» wird noch einmal die Verbindung zum Dreikönigsspiel hergestellt, das zwischen dem 6. Januar und dem 1. Februar gespielt werden konnte.]

2. Rückschau

Text:

1 Als die heil'gen Könige

2 ihre Opfergaben,

Bewegungen:

1 Der Erzieher formt mit seinen Händen eine Krone auf seinem Kopf.

2 Der Erzieher löst die Kronengeste auf und lässt ganz kurz seine Arme seitlich herunterhängen. Dann führt er seine Arme bis auf Brusthöhe herauf, dreht seine Hände mit den Innenflächen nach oben und zeigt mit dieser

Geste bei «Opfergaben» zwei Opferschalen (die Finger zeigen zum Betrachter).

3 das Gold,

3 Jetzt führt der Erzieher seine Hände mit dem Rand der kleinen Finger aneinander, sodass *eine* Opferschale entsteht. Diese Geste hält er eine Weile.

4 den Weihrauch *(stumm)*

(vor) (rück) (vor) (rück)

4 Der Erzieher hält seine Hände senkrecht, seine Fingerkuppen und Handwurzeln berühren sich, zwischen beiden Händen ist ein Hohlraum, und zwischen den Fingern sind Lücken, sodass aus dem entstandenen «Gefäß» der «Rauch» herausziehen könnte. Das «Weihrauchgefäß» schwingt er dann im angegebenen Rhythmus ruhig vor und zurück.

5 und die Myrrhe

5 Jetzt bildet der Erzieher mit seinen Händen eine «Dose mit Deckel»: Dafür macht er mit der linken Hand eine gut gewölbte Schale. Auch die rechte Hand macht er zu einer gewölbten Schale, jedoch mit dem Handrücken nach oben. Die rechte Hand legt er nun als «Deckel» auf die linke Hand – so, dass die Handwurzel der rechten Hand am Kleinfingerrand der linken liegt.

6 hatten geschenkt dem Christuskind,

6 Der Erzieher macht wieder die Geste mit zwei Opferschalen (siehe bei 2). Er führt die Hände tief herunter und verneigt sich dabei.

7 voll Dank sie wieder heimgezogen sind

7 Der Erzieher richtet sich wieder auf und legt seine Hände an den Handgelenken gekreuzt bei «Dank» auf das Brustbein, dabei neigt er den Kopf. Bei «heimgezogen» zeigt er mit beiden Händen im weiten Bogen über oben nach rechts in den Osten, ins Morgenland.

8 ins ferne Morgenland.

8 Er deutet nochmals nach Osten.

9 Im Haus fürs müde Kindelein

9 Der Erzieher zeigt das Hausdach. Bei «fürs müde Kindelein» lässt er sich in den Kniesitz herunter und legt sein Gesicht in die Hände.

10 Maria sang

10 Jetzt richtet sich der Erzieher wieder auf, er legt seine Hände locker auf die Oberschenkel.

11 und wiegte sanft es ein:

11 Der Erzieher legt seine Arme umeinander und wiegt das imaginäre Kind. Er stimmt den Ton a' an, immer noch wiegend.

[Ab hier fortfahren mit Kapitel 5 «Wiegen des Kindes», Seite 104-107, 17, danach auf dieser Seite (142) mit dem Hauptspiel fortsetzen.]

B Hauptspiel

1. Traum und Aufbruch

Text:

1 Maria und das Jesuskind

2 in der Nacht sie schliefen tief.

Bewegungen:

1 Nachdem der Erzieher das Lied zu Ende gesungen hat, wiegt er stumm das imaginäre Kind noch einmal hin und her. Dann erst spricht er: «Maria und das Jesuskind».

2 Immer noch kniend legt er seine Hände zusammen und schmiegt die linke Wange darauf. Ein Weilchen so halten.

3 Auch der Joseph schlief.

3 Jetzt legt der Erzieher seine Hände an die Ohren, sein Kopf ist leicht geneigt, die Augenlider sind gesenkt. Gebärde eine Weile halten.

4 Er hatte einen Traum!

4 Jetzt erhebt der Erzieher den zwischen den Händen gehaltenen Kopf, die Augenlider bleiben gesenkt. Ein Weilchen so halten.

5 Der Engel erschien ihm

5 Der Erzieher erhebt sich in den Kniestand, dabei erhebt er die Arme zu Flügeln.

6 und rief: «Joseph – Joseph!	6 Der «Engel» ruft den Joseph behutsam beim Namen. Die Melodieführung führt der Erzieher möglichst von unten nach oben aus: «Jo …» mit dunkler Stimme sprechen, «… seph! » mit heller Stimme sprechen.
7 Mit Maria und dem Kind *(vor)* *(rück)*	7 «Der Engel» bewegt ganz leicht seine Flügel: bei «Maria» nach vorne und bei «Kind» zurück.
8 zieh' nach Ägyptenland geschwind!»	8 Der Erzieher ist immer noch in der Engelshaltung und macht mit seinen «Flügeln» bei «Ägyptenland», eine große Flügelbewegung nach vorne oben. Er spricht das Wort «Ägyptenland» sehr gedehnt. Bei «geschwind» macht er nur eine kleine Rückbewegung mit den Händen. Nachklingend hält er die Flügel noch ein Weilchen.
9 Der Joseph ist erwacht!	9 Der Erzieher reibt sich die Augenlider …
10 Er stand auf in der Nacht,	10 und erhebt sich in den Stand.
11 ging in die Grotte schnell hinein	11 Er macht zwei kleine Schritte zur Raummitte.
12 holte heraus das Eselein –	12 Er umfasst mit den Händen einen imaginären Strick, an dem er den imaginären Esel herauszieht, dabei geht er wieder zwei Schritte zurück.
13 das Eselein.	13 Jetzt legt der Erzieher seine Hände als «Ohren» an den Kopf. Beim ersten «E» von «Eselein» neigt er als Esel leicht den Kopf und klappt dabei die «Ohren» etwas nach vorne.
14 Maria nahm das Kind auf den Arm,	14 Der Erzieher setzt sich das imaginäre Kind auf seinen linken Arm.
15 umhüllte es mit dem Tuch so warm	15 Mit dem rechten Arm legt er im großen Bogen ein imaginäres Tuch um das ganze Kind, das er so umhüllt im Arm hält.

16 und setzte sich aufs Eselein.

16 Mit dem Kind auf dem Arm deutet der Erzieher ein «Sich-Niedersetzen» an, dazu beugt er zweimal leicht seine Knie.

17 Sie sprach:
«Bitte trag' mich mit dem Kind
nach Ägyptenland geschwind.»

17 Nach dem zweiten Beugen bleibt der Erzieher in der angedeuteten Sitzstellung mit dem vom Tuch umhüllten Kind auf dem Arm. In dieser Haltung spricht er den Esel an: «Bitte trag mich ...». Bei den Worten «Bitte» und «Ägyptenland» nickt der Erzieher jeweils leicht.

18 Der Esel rief: «IA – IA!»

18 Dann führt der Erzieher seine Hände wieder als «Ohren» an den Kopf. Für das «I-A-Rufen» reckt er sich etwas beim «I», beim «A» neigt er den Kopf etwas nach vorne herunter. Das «I-A » soll wie ein «Ja!» klingen.

19 Scharrte eifrig: Schörre-schörr,

19 Jetzt legt der Erzieher seine Hände als «Pfötchen» an die Brust und scharrt bei «Schörre-schörr!» mit dem rechten Fuß über den Boden. Eventuell wiederholen.

20 und ging daher im leichten Schritt,
und ging daher im leichten Schritt.

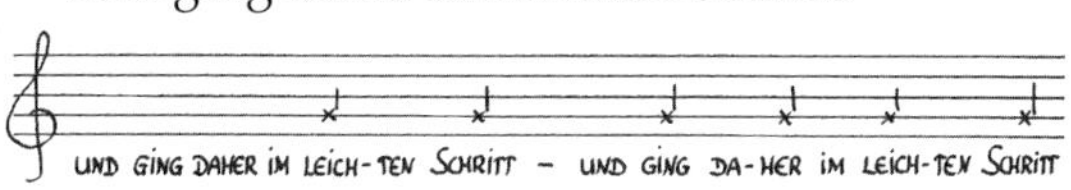

20 Der Erzieher dreht sich mit einer Vierteldrehung so, dass seine rechte Schulter zur Kreismitte zeigt, er beginnt dann mit «Pfötchenhaltung» auf den Fußballen in Kreisrichtung leicht und in mäßigem Tempo zu traben. Er zieht bei jedem Schritt die Knie etwas höher als beim normalen Gehen, den Gang des Esels so gut als möglich nachahmend.

2. Auf dem Weg und Ausklang

Text:

1 Trapp-trapp-trapp-trapp-trappe, trappe … e

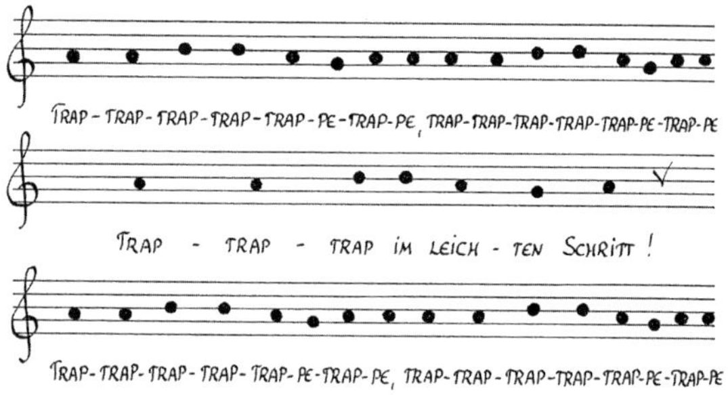

2 Und die Ohren wippten mit!
(ab) (auf) (ab)

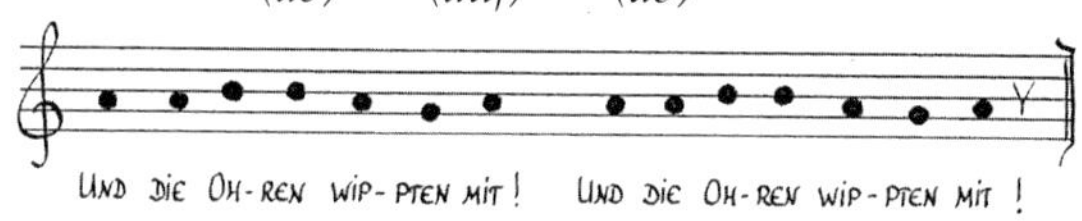

3 Und die Ohren wippten mit!
(auf) (ab) (auf) (ab)

4 Der Joseph ging mit festem Schritt,
mit festem Schritt und festem Tritt,
mit festem Schritt und Tritt
ging der Joseph mit.

5 Der Engel hatte die Flügel gebreitet.
Er hat die heil'ge Familie geleitet –
(vor) (rück) (vor) (rück)
Geleitete sie unerkannt –
(vor) (rück) (vor) (rück)
ins heilige Ägyptenland. –
(vor) (rück) (vor) (rück)
Geleitete, *stumme Bewegung*
(vor) (rück)

Bewegungen:

1 Singend, mit Pfötchenhaltung, trabt der Erzieher als «Esel» in Kreisrichtung weiter. Zu jedem gesungenen Ton macht er einen Schritt. Bei den Kindern müssen die Schritte nicht mit dem musikalischen Rhythmus zusammengehen. Es wird immer wieder geschehen, sollte aber nicht gefordert werden. Bei den Kindern kurz vor Schuleintritt besteht ein freudiges Bemühen um Übereinstimmung, dabei lasse man sie gewähren, ohne es ihnen bewusst zu machen.

2 Bei «und die Ohren» nimmt der Erzieher die Hände als Ohren an den Kopf und bewegt sie wie unter dem Text angegeben ab und auf. Dabei trabt er weiter, wird aber langsamer im Singen und in der Bewegung und kommt zum Stehen.

3 Bei der Wiederholung lässt der Erzieher die «Ohren» im Stehen wippen. Er singt immer langsamer, und die Bewegungen seiner Hände passen sich dem Tempo des Liedes an.

4 Der Erzieher richtet sich auf, seine Arme hängen seitlich herunter. Er geht mit festem, ausgreifendem Schritt in Kreisrichtung weiter. Jede Unterstreichung ist ein Schritt. Bei den Kindern wird eine Übereinstimmung nicht gefordert.

5 Der Erzieher erhebt seine Arme als «Flügel» und geht dann in leichten, gleitenden Schritten in der Kreisrichtung weiter; dabei bewegt er die «Flügel» leicht vor und zurück ohne Übereinstimmung mit den Schritten. Die Armbewegungen macht er langsam und ruhig.

geleitete, *stumme Bewegung*
(vor) *(rück)*
sie nach Ägyptenland. –
(vor) *(rück)* *(vor)* *(rück)*

[Hier kann das Zusatzspiel «Die Heilige Familie rastet unter dem Palmenbaum», Seite 148, eingefügt werden.]

6 *(stumme Bewegung)*

6 Allmählich kommt der Erzieher zum Stehen und wartet, bis alle Kinder auch zum Stehen gekommen sind. Dann nimmt er seine Arme herunter und dreht sich mit dem Gesicht zur Kreismitte. Kleine Zäsur.

7 In Bethlehem das Haus – ist leer!

7 Bei dem Wort «Haus» deutet der Erzieher ein Dach an, und bei «leer» zeigt er seine leeren Hände.

8 Den Joseph, die Maria und das Kind,

8 Für den Joseph steht der Erzieher aufrecht, verbeugt sich dann und nimmt dabei seine Arme etwas nach hinten. Für die Maria überkreuzt er seine Arme ohne Berührung vor der Brust. Für das Kind umfasst er seine Arme und macht eine Wiegebewegung.

9 wir finden sie darin nicht mehr.

9 Der Erzieher breitet seine Hände zum «leeren» Raum hin aus.

10 Sie ziehen nach Ägyptenland!

10 Im hohen Bogen deutet der Erzieher mit beiden Händen nach links, Richtung Westen.

11 Verlassen haben sie das Haus –

11 Er breitet seine Hände noch einmal kurz aus wie bei 9, dann deutet er wieder ein «Dach» an und verweilt ein Weilchen in dieser Gebärde.

12 und unser Spiel ist aus!

12 Langsam führt der Erzieher seine Arme und Hände herunter, er lässt sie locker neben dem Körper hängen.

13

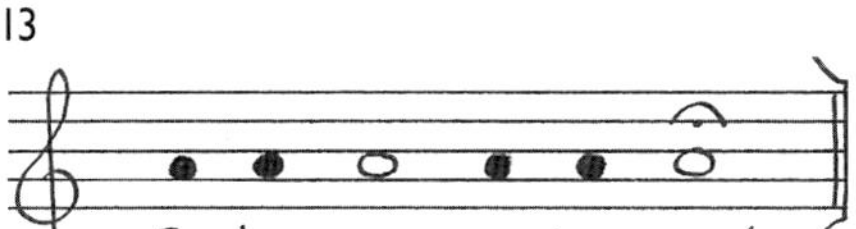

13 Der Erzieher schlägt die Zimbeln an, führt sie waagerecht nach beiden Seiten und wieder zusammen, und dabei singt er: «Es ist aus!» Das Zeremoniell wiederholen.

Zusatzspiel zum Zug nach Ägyptenland

Die Heilige Familie rastet unter dem Palmenbaum

[Dieses Zusatzspiel kann nach dem «Engelsgeleit», Seite 147 oben, eingefügt werden.]

Angekommen im Ägyptenland
hielten sie alle Rast.
Der Joseph, die Maria mit dem Kind
und auch das Eselein,
unter dem Palmenbaum,
unter dem Palmenbaum hielten sie Rast.
Der Engel hütete ihren Traum.
Er nahm seine Himmelsharfe
und spielte leis' für sie
eine Traummelodie:

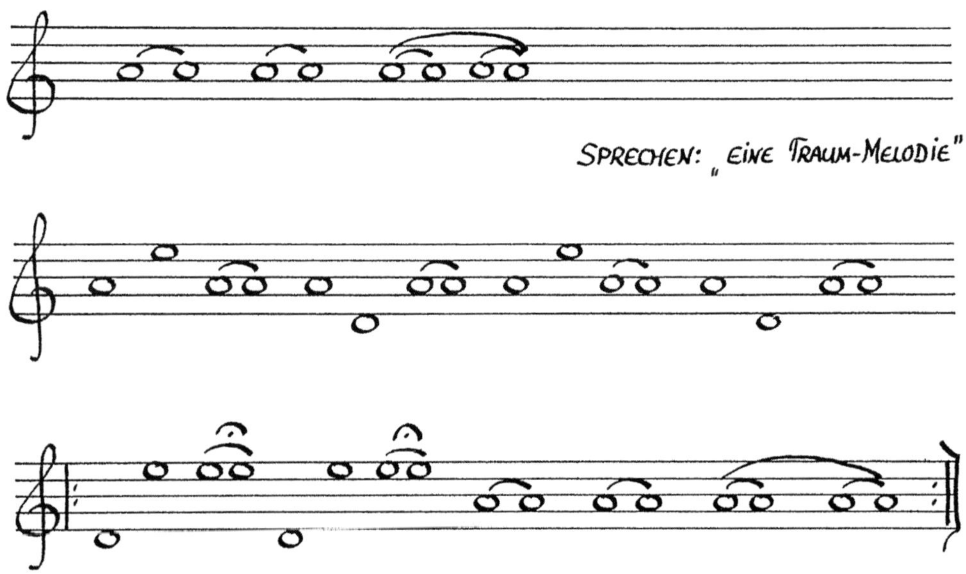

Wovon träumten sie denn?
Sie träumten von Bethlehem,
von ihrem Haus,
aus dem sie alle zogen aus
nach Ägyptenland – nach Ägyptenland.

Text:

1 Angekommen in Ägyptenland

Bewegungen:

1 Der Erzieher kommt mit zu «Flügeln» erhobenen Armen langsam zum Stehen. Er wartet ab, bis alle Kinder zum Stehen gekommen sind.

2 hielten sie alle Rast.

2 Jetzt löst der Erzieher die Engelsgeste auf, er führt seine Arme herunter neben den Körper und neigt leicht seinen Kopf bei dem Wort «Rast».

3 Der Joseph,

3 Für den Joseph verbeugt sich der Erzieher mit seitlich hängenden Armen, die Handinnenflächen zum Betrachter gedreht. Wenn der Oberkörper sich neigt, gehen die Arme etwas nach hinten.

4 die Maria

4 Für die Maria kreuzt der Erzieher seine Arme vor der Brust, sodass sich die Arme gegenseitig nicht berühren und auch nicht die Brust berühren.

5 mit dem Kind

5 Der Erzieher legt seine Unterarme aneinander, den rechten außen in Richtung Betrachter. Er hält mit dieser Geste ein imaginäres Kind im Arm, das einmal nach links und einmal nach rechts gewiegt wird.

6 und auch das Eselein,

6 Für den Esel nimmt der Erzieher seine Hände als «Pfötchen» an die Brust.

7 unter dem
Palmenbaum,

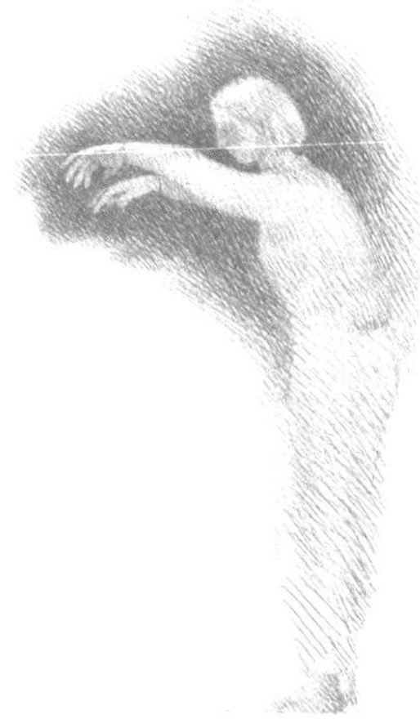

7 Der Erzieher erhebt seine Arme, er nimmt die Ellenbogen hoch und lässt die Hände etwas nach vorn hängen, wie hängende Palmwedel. Diese Geste nicht zu hoch vormachen, da die Kinder das noch nicht leisten können.

8 unter dem
Palmenbaum

8 Der Erzieher behält die Palmgeste bei und schwingt im Oberkörper etwas vor und zurück, als ob ein leichter Wind die Zweige bewegt.

9 hielten sie Rast.

9 Jetzt nimmt der Erzieher die Arme herunter und geht dabei gleichzeitig langsam in den Kniestand. Die Arme hängen neben dem Körper. Bei «Rast» neigt er leicht den Kopf.

10 Der Engel hütete

10 Im Kniestand verharrend, erhebt der Erzieher seine Arme zur Engel-Geste. Bei «hütete» bewegt der Erzieher die «Flügel» etwas nach vorn, sodass eine behütende, schützende Gebärde entsteht; diese hält er eine Weile.

11 ihren Traum.

11 Jetzt setzt sich der Erzieher in den Kniesitz, er nimmt seine Hände an die Wangen und schmiegt bei dem Wort «Traum» das leicht aufwärts gerichtete Gesicht in die Hände, die Augenlider sind dabei gesenkt. Die Geste eine Weile beibehalten.

12 Er nahm seine Himmelsharfe

12 Der Erzieher nimmt die bereitgelegte Choroi-Kinderharfe in die Hände. Er begibt sich mit der Harfe in Spielhaltung; das kann im Kniesitz, im Schneidersitz oder auf einem Hocker bzw. Stuhl sein. Dann zupft er dreimal behutsam die Saite a′.

13 und spielte leis′ für sie
eine Traummelodie.

13 Solange der Erzieher die Worte «eine Traummelodie» spricht, legt er seinen leicht geneigten Kopf mit der rechten Wange in seine rechte Hand.

14*

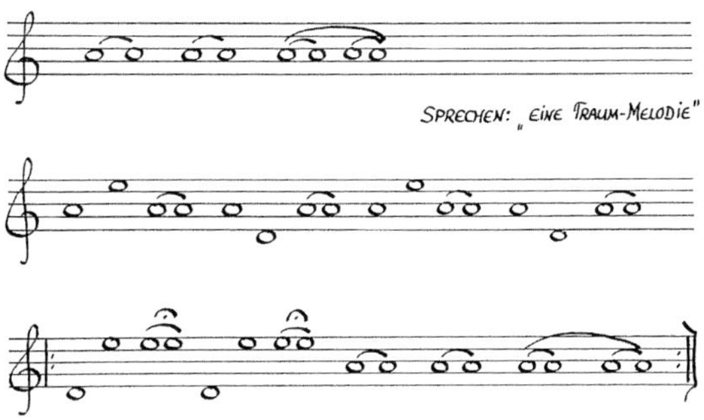

14 Dann spielt er die Traummelodie. Nach jedem Ton erhebt er seine Hand, den «schwebenden» Ton mit der «Handgeste» zeigend. Dabei horcht er dem klingenden Ton nach, er macht so für die Kinder das «Klanggeschehen» auch in der physischen Geste wahrnehmbar.

15 *(stumm)*

15 Der Erzieher legt die Harfe langsam, behutsam und geräuschlos weg.

16 *(stumm)*

16 Nachdem der Erzieher die Harfe geräuschlos weggelegt hat, macht er in aller Ruhe noch mal die Traumgeste: das leicht aufwärts gerichtete Gesicht mit halb geschlossenen Augenlidern in die Hände schmiegen. Er verharrt in dieser Geste im Kniesitz ein Weilchen.

17 Wovon träumten sie denn?

17 Dann stellt der Erzieher leise die Frage: «Wovon träumten …?» Anschließend bleibt er immer noch in der Traumgeste mit gesenkten Lidern.

18 Sie träumten von Bethlehem,

18 Jetzt öffnet er die Augen, erhebt sich in den Kniestand und führt dabei die Arme im Bogen über außen nach oben und

19 von ihrem Haus,

19 schließt die Finger über dem Kopf zu einem Dach.

* Die Traummelodie kann erweitert werden, siehe hierzu die Noten auf Seite 152.

20 aus dem sie alle zogen aus

20 Der Erzieher nimmt die Hände herunter. Dann zeigt er seine offenen Hände, wie um zu sagen: Seht, das Haus ist wirklich leer! Bei «alle» nimmt er seine Hände seitlich neben den Kopf und führt sie dann im Bogen nach vorn, um in die Ferne zu deuten.

21 nach Ägyptenland –
nach Ägyptenland.

21 Der Erzieher zeigt mit beiden Händen im hohen Bogen nach links, in Richtung Westen.

[Ab hier fortfahren im «Zug nach Ägyptenland», Seite 147, 7 «In Bethlehem das Haus ist leer ...».]

Erweiterung Traummelodie

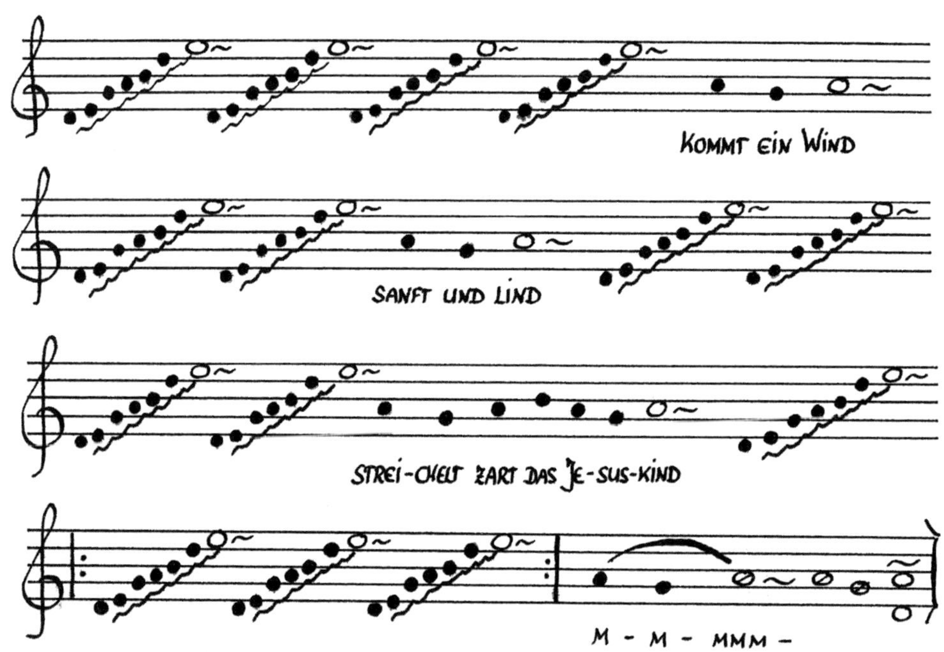

Näh- und Bastelanleitungen

1. Für beide Spiele

Stola und Gürtel

Material für die Stola:
- Seidenstoff, dünner Wollstoff, Woll-Seiden-Mischung oder dünner, fein gewebter Baumwollsatin.

Aus 1,20 m breit liegendem Stoff erhält man mit 60 cm Stofflänge zwei Stolen (große Ausführung; Zeichnung S. 14).

Material für einen Gürtel:
- Gleicher Stoff wie für die Stola.

Pro Gürtel ca. 80 cm Stofflänge und 9 cm Breite. Aspekte zur Auswahl der Farbe siehe S. 14.

Zuschneiden:
Den Stoffbruch nach oben legen. Bei einer Stoffbreite von 1,15 – 1,20 m kann man die Webkante unten lassen, ohne zu säumen. Bei einer Stoffbreite von 1,40 m die Länge der Stola zuzüglich 4 cm Saumzugabe schneiden. Man kann dann die große Stola auch 5 cm länger zuschneiden. Für die Seitennähte 1,5 cm Nahtzugabe hinzufügen. Für den Halsausschnitt ist keine Nahtzugabe erforderlich.

Anfertigen:
Die Stoffzugabe an den Seiten abketten, Seitennähte steppen. An den Armausschnitten die Nahtzugabe nach innen legen und schmal absteppen. Den Halsausschnitt mit Satin-Schrägband einfassen. Für den Gürtel eine Schmalseite und die Längsseite absteppen, wenden und an der anderen Schmalseite den Stoff einschlagen und von Hand möglichst unsichtbar zunähen.

Täschchen für die Fingerzimbeln

Material:
- Filz (außer Schwarz und Weiß sind alle Farben möglich).

Anfertigung:
Einen Streifen von 27 cm Länge und 7 cm Breite ausschneiden. Von beiden Seiten den Streifen 6 cm einklappen und an den Längsseiten mit Knopflochstich zusammennähen oder mit einem Zierstich mit der Nähmaschine.

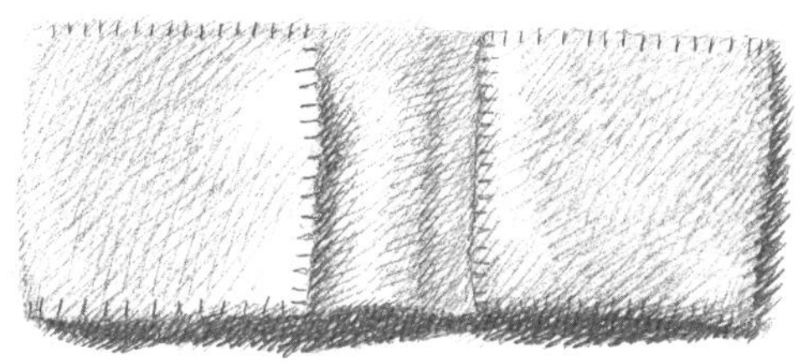

2. Für das Hirtenspiel

Das Jesuskind im Hirtenspiel

Da das Kind im frühkindlichen und im vorschulischen Alter noch keine freie Vorstellung, sondern eine leibgebundene, wahrnehmungsgebundene Vorstellung hat, ist es unerlässlich, dass das Jesuskind physisch wahrnehmbar ist, jedoch nicht naturalistisch als Puppe, sondern als Typus. Das nathanische Jesuskind, um das es im Hirtenspiel geht, ist auf bildlichen oder plastischen Darstellungen immer liegend dargestellt, dazu in der Romanik immer gewickelt, meist im Ährenmuster.
Das ist die Anregung für uns.

Material:
- Baumwolltrikot, feine Qualität, der menschlichen Hautfarbe ähnlich, ca. 80 x 80 cm

- anderer Stoff (Wollstoff, Leinenstoff, Baumwollstoff), in Naturfarbe, zu Bändern geschnitten, ca. 7 cm breit und insgesamt 3 m lang
- 150–200 g ungesponnene Schafwolle.

Anfertigung:
Zwei Drittel der Wolle zu einer mittelfesten Kugel wickeln und in die Mitte des quadratischen Tuches legen. Dann den Baumwolltrikot möglichst glatt um die Wolle legen und mit einem kleinen Teil der zurechtgeschnittenen Bänder das Tuch unter der Wolle fest umwickeln. Die restliche Wolle locker in das herabhängende Tuch legen und dann mit den Bändern umwickeln. Die oberste Schicht der Wickelung kreuzweise binden, sodass ein Ährenmuster entsteht.

Die Gestaltung der Krippe im Hirtenspiel

a) Die schlichteste Möglichkeit:
Ein braunes Tuch 1 x 1 m auf dem Boden auslegen, darauf aus Stroh (wenn man hat, auch Heu) ein strahlendes Oval legen. Darauf wird das Jesuskind gelegt, das zunächst mit einem zartgrünen Tuch bedeckt ist. (Das Tuch kann auch in dunklerer Hautfarbe sein.)
b) Die einfache Krippe:
Einen Korb oder eine Kiste mit einem braunen Tuch auslegen, Heu und Stroh hineingeben und auf einen Schemel oder niedrigen Hocker stellen. Darauf das Kind (zunächst mit zartgrünem Tuch bedeckt) so legen, dass man es gut sehen kann.
c) Die ausgestaltete Krippe:
Eine Krippe aus Holz mit geraden oder schrägen Wänden, jedoch fest gefügt, also nicht als Wiege beweglich eingehängt, sondern als echte Stallkrippe. Diese mit Heu und Stroh befüllen und das Kind mit einem zartgrünen Tuch bedeckt hineinlegen.

Schellenstab
(geräuscherzeugendes Handspielgerät)

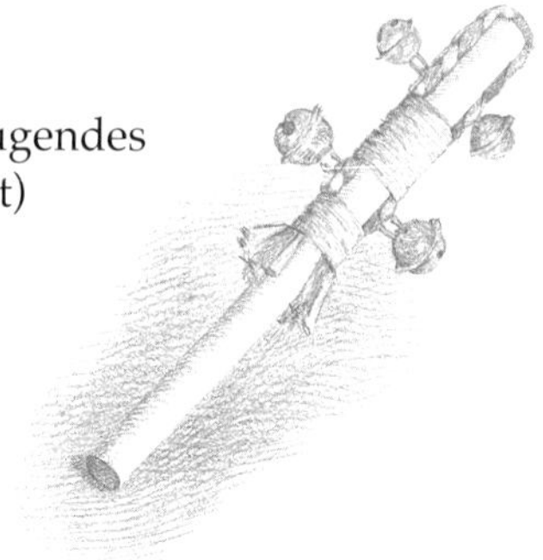

Material:
- Rundholz Ø 1,5 cm, Länge: 16 – 20 cm (pro Stäbchen),
- Bast in zwei Farben oder bunte Borte (ca. 1,5 cm breit),
- 4 Schellen, je zwei mit Ø 0,9 cm und Ø 1,4 cm,
- Hutgummi.

Beim Einkauf zu beachten: Es gibt zwei Arten von Schellen: mit Metallkugel als Klangerzeuger, mit Steinchen als Klangerzeuger.
Für den Schellenstab Schellen mit Metallkugel besorgen. Keine größeren Schellen als angegeben verwenden. Deren Klang wäre zu laut und dominierend.

Anfertigung:
Holzstab auf die richtige Länge zusägen, an den Enden abschmirgeln, abrunden. Im Abstand von 2,5 und 5,5 cm, vom oberen Stabende gemessen, das Holz jeweils durchbohren.

Aus dem Bast ein Zöpfchen flechten, von jeder Farbe 12 Fäden (Länge 25 cm) verwenden. Alle Fäden an einem Ende fest verschnüren und gleichmäßig dritteln, dann flechten. Den fertigen Zopf am unteren Ende verschnüren. Die Mitte des Zopfes auf dem oberen Stabende positionieren und dann der Länge nach vom oberen Stabende aus an beiden Seiten vor den Bohrlöchern herunterführen. An zwei Stellen jeweils mit einem Stück Bast den Zopf sehr straff am Holzstab festwickeln (siehe Bild).

3. Für das Dreikönigsspiel

Das Jesuskind im Dreikönigsspiel

Das salomonische Jesuskind, das die Könige verehren, ist in allen Darstellungen sitzend zu sehen. Das gibt uns die Anregung zur Gestaltung.

Material:
- Seidenstoff, lichtgelb, ca. 80 x 80 cm
- Band, aus dem gleichen Stoff, ca. 30 x 2,5 cm
- 50 cm gelben Wollfaden
- 50 cm Goldbändchen, möglichst schmal
- 50 – 75 g ungesponnene Schafwolle.

Anfertigung:
In die Mitte des quadratischen Stoffes legt man eine Kugel (mittelfest gewickelt) aus unversponnener Schafwolle. Dann zieht man den Stoff möglichst glatt um die Wolle und bindet mit einem Band den Stoff zusammen. Mit dem Band wird der Stoff so schön wie möglich umwickelt, die Umwickelung ist als Hals sichtbar. Um den Kopf bindet man das feine Goldbändchen als Stirnreif. Dann nimmt man rechts und links je einen Zipfel des herunterhängenden Stoffes, umwickelt damit etwas unversponnene Wolle und bindet den Stoff mit feinem Wollfaden als Händchen ab. Den Rest des Stoffs lässt man herunterhängen. Das so entstandene Kind wird auf einen Thron «gesetzt».

Der Thron

Für den Thron eignet sich ein Korb, oval oder rund; in ihn wird ein Kissen hineingelegt. Kissen und Korb werden mit einem blauen Seidentuch bedeckt. Darauf setzt man das Königskind, sodass sich der Kopf am Korbrand anlehnen kann und die Händchen seitlich etwas Unterstützung finden. Den locker herabhängenden Stoff vom Püppchen schön drapieren. Den Korb stellt man am besten auf einen niedrigen Hocker, den man zuvor mit einem goldgelben oder blauen Tuch bedeckt, sodass man vom Hocker nichts mehr sieht. Zu Spielbeginn bedeckt man mit einem kleinen Seidentuch das Jesuskind. Erst wenn die Könige das Haus betreten, nimmt man das Tuch weg. Der Korb muss so platziert sein, dass das Jesuskind zur Kreismitte schaut.

Der Stern

Den Sechs- oder Achtstern fertigt man aus Pappe, die man beidseitig mit Goldfolie beklebt. Für die Befestigung des Stabes macht man aus der Pappe einer leeren Klopapierrolle eine kleine, runde Hülse. Dazu schneidet man die Rolle der Länge nach auf, schneidet quer ein etwa 3 cm breites Stück der Pappe ab, das man um den Sternstab wickelt und zusammenklebt. Über diese Hülse klebt man ebenfalls Goldfolie; aus der Folie macht man auch einen kleinen Deckel auf die Hülse, sodass der Stab nicht durchrutschen kann. Dann wird die Hülse auf der Sternrückseite mit Klebstoff befestigt.
Als Sternständer eignet sich eine große Vase, gefüllt mit Sand, oder ein großer Blumentopf, den man mit dem breiten Rand auf den Boden stellt. Das Loch im Blumentopf auf den Stabdurchmesser anpassen.

Das Glöckchen am Ring

Material:
- 1 Messingglöckchen Ø 28 mm mit Metallklöppelchen
- 1 Holzring Ø ca. 37 mm (innen)
- kräftiger Baumwollfaden (ca. 50 cm lang).

Glöckchen bekommt man beim Bastelbedarf und in gut sortierten Spielwarenfachgeschäften. Holzringe gibt es im Fachhandel für Gardinen- und Vorhangzubehör.

Anfertigung:
Den Faden durch die Öse am Glöckchen ziehen, sodass das Glöckchen in der Fadenmitte hängt. Den Faden um die Öse knoten. Dann eines der Fadenenden zweimal von der gleichen Richtung kommend durch die Öse schlingen und mit dem anderen Fadenende wiederum verknoten. Denselben Vorgang mit dem anderen Fadenende und von der anderen Seite her wiederholen. Meistens sind die Ösen der Glöckchen etwas scharfkantig, daher muss der Faden mehrmals durchgeschlungen und gut verknotet werden, sonst würde er sehr schnell durchscheuern.
Jetzt werden die beiden Fadenenden in entgegengesetzter Richtung mehrmals um den Holzring geschlungen, sehr stramm angezogen und im Innern des Rings verknotet. Von dort werden die beiden Fäden heruntergeführt und außen zwischen Glöckchen und Öse wiederum in entgegengesetzter Richtung zwei- bis dreimal gewickelt, sehr straff angezogen und verknotet.
Das Glöckchen darf fast keinen Bewegungsspielraum haben, wenn man den Ring schwingt. Falls das Glöckchen dennoch zu viel Bewegungsfreiheit hat oder sogar noch an den Holzring schlagen könnte, muss man mit dem verbleibenden Faden für weitere Stabilität sorgen. Schließlich werden die restlichen Fadenenden kurz abgeschnitten.

Berichte zum Hirten- und Dreikönigsspiel

Auf die Kindheitskräfte müssen wir uns zum Weihnachtsfest immer wieder besinnen, damit sie in unseren Seelen wiedergeboren werden. Nur aus den Quellen dieser Wiedergeburt, aus dem tiefen Verständnis des göttlichen Kindseins kann man einen so unerschöpflichen Reichtum für das kleine Kind schaffen, wie Sie, Frau Ellersiek, es tun.

Dank möchte ich sagen, stellvertretend für die vielen Kinder, die in die Gestensprache nachahmend hineinschlüpfen dürfen, um von diesem Lebenselement lebendige Nahrung, «lebendiges Brot» zu bekommen.

E. H.

Liebe Frau Ellersiek, ich möchte mich bei Ihnen herzlich für Ihr Weihnachtsgeschenk, Das Hirtenspiel, bedanken.

Ich weiß noch gut, wie wir in der Vorweihnachtszeit 1981 zusammen darüber sprachen, ein aus der Geste, aus der Bewegung gegriffenes Weihnachtsspiel für die Arbeit im Kindergarten zu gestalten.

Jetzt, nach etwa zehn Jahren, ist durch Sie dieses Werk geschaffen worden, und dank K. H.'s großem Einsatz konnte das Spiel in viele Kindergärten hineinströmen.

Durch den Erzieher, den «Vorahmer», dürfen die Kinder in die Bewegungen und Gesten des Geschehens hineinschlüpfen und ihrem Alter entsprechend die Religiosität miterleben, die tief in die Organbildung und in die physische Organisation «eingeschrieben» wird und sich im weiteren Leben eines jeden Kindes in zukünftiges Wirken verwandeln kann.

M. C.

Unser Kollegium hat sich in den Wochen vor dem ersten Advent das Hirtenspiel erarbeitet. Ich bin seit sechs Jahren in diesem Kindergarten tätig und wollte schon immer so gerne Ihr Spiel erarbeiten, hatte aber auch Sorge, dass meine «Großen», die ein anderes Spiel mit vielen Requisiten und Einzelrollen kannten, das Neue nicht annehmen. Dennoch machte ich mich an die Arbeit und wuchs selber immer besser in Ihr Spiel hinein, ja, ich lernte es richtig lieben. Vor dem ersten Advent führte ich dieses Spiel an einem Elternabend mit den Eltern aus. Es kam unglaublich gut an! Die Eltern waren ganz still, tauchten ernsthaft ein und wollten im Anschluss nicht gleich darüber sprechen – das Spiel brauchte Nachwirkungszeit. Ein Vater drückte mir beim Abschied lange die Hand und sagte: «Das war wunderschön, Frau B.» Sein Sohn sagte dann in der letzten Woche vor Weihnachten, nachdem wir das Spiel schon viele Male mal gespielt hatten: «Und unser Spiel ist sowieso das allerschönste!» (Dieses Kind gehört zu meinen Großen.)

Mit dem Schwung des Elternabends ging ich in die letzten Vorbereitungen und habe dann in der Zeit zwischen dem ersten Advent und Weihnachten mit der Kindergruppe fünfzehnmal das Hirtenspiel durchgeführt. Die Kinder haben nicht einmal gefragt, wann das «alte» Spiel drankommt. Ich glaube, die Kinder lieben das «neue» Hirtenspiel genauso sehr wie ich. Die Kinder waren immer ganz offen dem Geschehen hingegeben, sie waren leise und innerlich intensiv eingetaucht. Diese Hingabe habe ich zuvor bei keinem Reigen oder Rollenspiel erlebt. Die Gesten im Hirtenspiel sind so stimmig und wahr, dass man gar nicht anders kann, als tief in sie hineinzutauchen.

B. B.

Neben all den köstlichen und sprachlich auch so stimmigen, manchmal pfiffig gestalteten Reigen und Handgestenspielen ist eines ganz besonders – und das ist das Hirtenspiel. Wir spielen es seit Bestehen unseres Kindergartens seit sechs Jahren. In dieser Zeit wurde das Spiel immer klarer und wesentlicher und führte uns jedes Jahr aufs Neue durch die Adventszeit zum Weihnachtsgeschehen hin. Auch mich selbst als Erwachsenen nimmt das Spiel auf und mit und ist für mich der Weg zur Christgeburt.

Jedes Mal bin ich tief dankbar, dass ich das Glück habe, dieses Hirtenspiel mit den Kindern zusammen erleben zu dürfen.

B. R.

Bezugnehmend auf die Zeilen von Rudolf Steiner: «Liebe ist ein wahrhaftes Himmelslicht», möchten wir Ihnen heute zum Ausdruck bringen, dass sich in Ihren Spielen, vor allem im Hirten- und Dreikönigsspiel, Erkenntnis, Kunst, Religion und die selbstlose Liebe auf das Schönste vereinigen und aussprechen.

Durch den persönlichen Kontakt zu Ihnen, liebe Frau Ellersiek, bekamen die Spiele für uns einen ganz besonderen Wert. Wahrscheinlich hätten wir die Spiele, wären wir nur dem Text begegnet, niemals so reich aufnehmen können. Erst durch Ihre Persönlichkeit, durch das Erleben Ihrer Gesinnung, Ihres Vorbildes, wurde der Funke, das wahrhafte Himmelslicht, in uns entzündet.

Inzwischen können wir aus der Erfahrung sagen: Jedes Jahr gewinnen diese beiden Spiele an Reichtum und Wert. Es ist gerade so, wie Ludwig Uhland in seinem Gedicht «Frühlingsglaube» ausspricht: «Man weiß nicht, was noch werden mag, das Blühen will nicht enden.»

Wir können ohne zu übertreiben sagen, dass die Kinder durch Ihre Spiele die rechte

Nahrung bekommen, um ihren Lebenswillen gesund und stark auszubilden. Innerhalb Ihrer Spiele sind die Kinder in einem Schutzraum gegen die zunehmenden chaotisierenden Einwirkungen der Umgebung.

B. H. und B. M.

Dieses Jahr war ganz dem Hirtenspiel gewidmet. Und die Erfahrung, die ich jedes Jahr mit den Kindern daran machen kann, ist auch jedes Jahr eine andere zur Bereicherung.

Zuerst ist in den ersten ein bis vier Malen ein Staunen, ein Hinhorchen auf die Sprache wahrzunehmen. Dann setzt sich das von Tag zu Tag intensiver fort. Dieses Jahr hat die Gruppe sehr intensiv «die Engel» erlebt, und zu den Liedern fanden die Kinder spontan direkten Zugang. Auch die Tiere, die das Jesuskind wärmen, sind ein ganz dichtes Erlebnismoment im Gesamtgeschehen. Allen anderen voran liebt ein bald siebenjähriger Bub diese «Tat des Wärmens» – er macht sonst kaum etwas mit. Das Lied: «Seid stille, seid still» ist die alltägliche Krönung zum Abschluss. Für den 21. Dezember sind die Eltern und Geschwister zu einer Weihnachtsfeier eingeladen, zu der wir das Hirtenspiel gemeinsam bewegen werden. Vorab haben wir es natürlich schon am Elternabend gemacht, und es war eine große Freude, dabei die frohen, leuchtenden Gesichter der Eltern zu sehen.

J. W.

Letztes Jahr in der Advents- und Weihnachtszeit hatte ich das Glück, das Hirtenspiel von Wilma Ellersiek kennenzulernen. Mein ältestes Kind von vier Kindern ist bei Frau H. im Kindergarten. Frau H. verstand es prächtig, uns Eltern in das Hirtenspiel mit einzubeziehen.

Ich war spontan davon so ergriffen, dass ich mir das Spiel zur Feier der Familie erarbeitete. Im Familienkreis spielten wir es dann in den zwölf heiligen Nächten jeden Abend, und ich hatte zum ersten Mal das Gefühl, dass durch die gemeinsame Tätigkeit die Feiertage erst ihren Wert erhalten.

Ich bin Ihnen zutiefst dankbar, dass Sie, verehrte Frau Ellersiek durch Ihre Arbeit dazu beitragen, dass der Blick wieder auf das Wesen eines Festes gelenkt wird. Außerdem kann man beim Tun die heilende Wirkung des Hirtenspiels erspüren.

G. S.

Einen tiefen Bezug zu den Handgestenspielen habe ich jetzt noch einmal durch Ihre Änderungen im Hirten- und Dreikönigsspiel bekommen, wo deutlich wurde: Es geht um das Sich-Identifizieren-Können, um das «Schafwerden-Können», nicht um die Vorstellungsgeste. Es geht darum, sich mit dem Geschehen zu verbinden, und dadurch den Kindern die Möglichkeit zu geben, das Gleiche zu tun. Vorstellung, Trennung und Isolation haben wir genug in der heutigen Zeit!

V. W.

Eine Erzieherin spielte mit sieben Kindern in der Epiphaniaszeit für etwa zehn erwachsene Zuschauer das Dreikönigsspiel in den Räumen der Christengemeinschaft in E.

Als sicher war, dass niemand mehr kommen würde, stand die Erzieherin, Frau H., in ihrer ruhigen Art auf und bat alle, Kinder und Zuschauer, hinaus vor die Tür. Obwohl der Flur sehr eng war, arrangierten sich alle friedlich, und der Einzug mit dem Eröffnungslied wurde zu einem feierlichen Ereignis.

Es war schön zu erleben (besonders für mich als Kennerin der Spiele, nun aber in der Beobachterrolle), wie anmutig die Kinder die Spielleiterin umgaben und von ihren Lippen die Worte buchstäblich absaugten und wie fast «ferngesteuert» sie die Gesten assimilierten und nachahmten. Die Kinder waren zwischen drei und sieben Jahre alt, und es war wunderbar zu sehen, wie unterschiedlich in der jeweiligen Alterstufe nachgeahmt wird.

Frau H. hatte ja bereits die Neufassung des Dreikönigsspiels gemacht, und ich konnte spüren, wie die Reduktion des Textes den Ausdruck der Gebärden intensiviert.

Von der objektiven Zeit her gesehen war das Spiel ein sehr kurzes Ereignis, dennoch war die Zeit von einer kindlich-reinen Religiosität, die, wie wir hoffen können, weit über das eigentliche Geschehen hinaus lebendig bleiben wird.

I. W.

Das Hirtenspiel im Altenpflegeheim

Ich (Wilma Ellersiek) habe das Spiel hier im Johanneshaus für drei alte Menschen gemacht.

Es war mir ein Anliegen, es hier im Haus geschehen zu lassen, wo Menschen leben, die schon an der Schwelle zur geistigen Welt stehen und die dann diesen Impuls mitnehmen und von dort helfend begleiten können.

Für ein ausgeliehenes Jesuskind habe ich in meinem Zimmer einen Platz gefunden, um es mit drei alten Damen (oder besser für diese) zu «verkörpern». Natürlich machte ich das ganze Spiel im Sitzen. Nur an der Stelle des Verkündigungsrufs stand ich auf.

Ein großes Staunen hat alle ergriffen. Wir saßen beim Licht einer Laterne fast wie im Stall bei Ochs, Esel und den Schafen sowie Maria und Joseph mit dem Kind. Tiefe Ruhe erfüllte alle (es war nämlich eine sehr unruhige Rollstuhlfahrerin dabei). Ich bekam die Kraft, durch die sich, wie von Engelsflügeln gebildet, ein «Dom» über uns wölbte.

Lange nachdem das Spiel ausgeklungen war, saßen wir noch stumm an der Krippe. Wäre nicht das Abendessen gebracht worden, würden wir noch länger so andächtig gesessen haben.

In den nächsten Tagen wurde ich besonders von der 93-Jährigen immer wieder angesprochen, dass das Ganze wie ein «Lebensstrom» in ihr nachgewirkt habe. Gerade diese Dame ist dann acht Tage später über die Schwelle gegangen, ganz plötzlich und für alle unerwartet. Beim letzten Begegnen sprach sie mich noch einmal darauf an, wie sie es bewunderte, dass ich das «Geheimnis» so einfach und stimmig gestalten konnte. Als ich von ihrem Heimgang erfuhr, war ich dankbar, dass ich es ihr noch mitgeben konnte; ich wusste nun, dass sie es mitgenommen hat über die Schwelle, das «Hirtenspiel», den Impuls für ein zukünftiges Weihnachten.

Wilma Ellersiek
Johanneshaus, Öschelbronn

Liebe Wilma,

Dein Hirtenspiel rührt mich in zweierlei Hinsicht an: Einmal weckt es Erinnerungen an meine frühe Kindheit, als Auge und Verstand noch nicht durch Schriftzeichen geprägt waren, sondern wo mein Leib noch ganz Ohr war. Ich habe die Erinnerung an diese Zeit nie verloren, und mein Gefühl sagt mir, ohne dass der kritische Verstand dabei im Wege wäre, dass in solch einem Spiel die polare Spannung zwischen dem künstlerisch empfindsamen und gestaltenden Erwachsenen – das wärst in diesem Fall Du – und dem kleinen Kind, womöglich auf dem Arm der Mutter, erst die Voraussetzung dafür schafft, das wir vom *ganzen* Menschen sprechen können, der in seinem Reifungsprozess niemals die Wunder der Menschwerdung in den ersten Lebensjahren vergisst. Durch Stimmklang und Gebärde (Handgesten) wird ein unsichtbares Band um Kind und Erwachsenen geschlungen, ein Vorgang, für den es keinen Ersatz in der Menschwerdung gibt.

Zum anderen bestärkt es mich in der Meinung, dass Hochsprache und Handgesten sich zueinander verhalten wie Blüte und Samenkorn. Der schöpferische Umgang mit solch einem Spiel schafft Voraussetzungen, dass später Sprache und Leibesvernunft nicht auseinanderfallen, sondern sich stetig und wechselweise steigern.

Die Konsequenz, mit der Du hier beim Singen von üblichen Melodiebildungen abweichst und die Tonbewegung vom Zentralton a' ausgehend in die Ober- und Unterquinte lenkst, lässt jene magisch-mythische Welt in uns erklingen, die nur zu leicht durch die Großartigkeit abendländischer Tonschöpfungen verdrängt wird. So ist es auch konsequent, dass Du bei den Tierlauten naturalistische Stimmnachahmungen fortlässt und dafür die klare Stimmgebung setzt, die weitgehend das Geräusch ausschaltet. Das Gleiche trifft zu für die einzubeziehenden Instrumente, Choroi-Flöte, Choroi-Kinderharfe und zarte Schlaginstrumente, die jeden vergröbernden Klang meiden. Die feinen Ohren der Kleinen sind noch so nah beim Schöpfer, dass man ihnen zu diesem Zeitpunkt noch jene Schonung zukommen lassen sollte, die man jungen Pflanzen selbst in unserem Industriestaat noch gewährt.

So stimmt alles, was Du in diesem Krippenspiel in eine übertragbare Form gebracht hast. Und ich werde die Qualität eines Erziehers daran messen, ob er solch ein Spiel gültig gestalten kann.

Was soll ich noch weiter sagen? Ich meine, ich hätte jetzt alles gesagt. Und in der Art, wie ich es gesagt habe, wirst Du spüren, dass darin auch mein Dank steckt für ein Werk, das von den Großen unserer Zeit wahrscheinlich gar nicht wahrgenommen werden kann, weil sie Maßstäbe gesetzt haben, die es ihnen unmöglich machen, die Qualität eines Samenkorns zu messen. Samenkorn und Stimmklang, Gestik und liebende Zuwendung sind «unermesslich».

Ganz herzlich, mit allen guten Wünschen
Dein K.L.